# 어린이 과학 형사대 CSI ⑳

🛡 CSI, 꿈을 향해 날다!

## 어린이 과학 형사대 CSI ⓩ

초판 1쇄 발행 | 2012년 7월 25일
초판 16쇄 발행 | 2022년 12월 20일

지은이 | 고희정
그린이 | 서용남
감  수 | 곽영직(수원대학교 물리학과 교수)

펴 낸 곳 | (주)가나문화콘텐츠
펴 낸 이 | 김남전
편 집 장 | 유다형
편   집 | 김아영
외주 편집 | 생강빵
디 자 인 | 양란희
마 케 팅 | 정상원 한웅 정용민 김건우
경영관리 | 임종열 김다운

출판 등록 | 2002년 2월 15일 제10-2308호
주   소 | 경기도 고양시 덕양구 호원길 3-2
전   화 | 02-717-5494(편집부) 02-332-7755(관리부)
팩   스 | 02-324-9944
홈페이지 | ganapub.com
이 메 일 | ganapub@naver.com

ⓒ 고희정, 2012

ISBN 978-89-5736-548-9 (74400)
     978-89-5736-440-6 (세트)

* 책값은 뒤표지에 표시되어 있습니다.
* 이 책의 내용을 재사용하려면 반드시 저작권자와 (주)가나문화콘텐츠 양측의 동의를 얻어야 합니다.
* 잘못된 책은 구입하신 서점에서 바꾸어 드립니다.

* '가나출판사'는 (주)가나문화콘텐츠의 출판 브랜드입니다.

- 제조자명 : (주)가나문화콘텐츠
- 주소 및 전화번호 : 경기도 고양시 덕양구 호원길 3-2 / 02-717-5494
- 제조연월 : 2022년 12월 20일
- 제조국명 : 대한민국
- 사용연령 : 4세 이상 어린이 제품

# 어린이 과학 형사대
# CSI ⑳

 CSI, 꿈을 향해 날다!

글 고희정 | 그림 서용남
감수 곽영직(수원대학교 물리학과 교수)

가나출판사

## 주인공 소개

• **강별과 송화산**

**강별**은 CSI 2기 지구 과학 형사. 매사에 자신만만하며 승부욕이 강하다. **송화산**은 어린이 형사 학교 학생. 과학 실력이 뛰어나지만 소극적이며 겁이 많다.

• **황수리와 최운동**

**황수리**는 CSI 2기 물리 형사. 소극적이지만 차분하고 사고가 논리적이다. **최운동**은 어린이 형사 학교 학생. 언제나 밝고 맑고 즐거운 수선쟁이.

• **양철민과 장원소**

**양철민**은 CSI 2기 화학 형사. 어딜 가나 왁자지껄 시끄럽고 덤벙대는 리틀 어 형사. **장원소**는 어린이 형사 학교 학생, 과학 실험을 좋아하고 요리의 팬 카페 회원이다.

• **신태양과 소남우**

**신태양**은 CSI 2기 생물 형사. 싹싹하고 예의 바르며 매력적인 훈남. **소남우**는 어린이 형사 학교 학생. 아이다운 순진한 심성과 따뜻한 마음을 가졌다.

### CSI 1기 형사들

• 나혜성  • 이요리  • 반달곰  • 한영재

### 어린이 형사 학교 선생님들

• 박춘삼 교장  • 어수선 형사  • 정나미 형사  • 안미인 형사

- CSI, 새로운 꿈을 꾸다  6

 **사건 1** 위조지폐범을 잡아라!  12
　　　핵심 과학 원리 – 전기장과 전기영동
　　수리가 들려주는 사건 해결의 열쇠  46

 **사건 2** 뇌 지문을 읽어라!  50
　　　핵심 과학 원리 – 뇌파와 뇌 지문
　　태양이가 들려주는 사건 해결의 열쇠  86

 **사건 3** 소설에서 답을 얻다  90
　　　핵심 과학 원리 – 약물 중독 현상
　　철민이가 들려주는 사건 해결의 열쇠  126

 **사건 4** 답안지 도난 사건  130
　　　핵심 과학 원리 – 조류운동
　　별이가 들려주는 사건 해결의 열쇠  164

- CSI, 꿈을 향해 날다  168

- 특별 활동 : CSI, 함께 놀며 훈련하다!  174

- 찾아보기  184

# CSI, 새로운 꿈을 꾸다

처음 형사학교에 입학한 날.
아이들은 저마다 다른 생각을 가지고 있었다.
별이는 혜성이가 너무 좋다는 생각뿐.

수리는 고향인 해남에서는 천재로 통하지만
과연 서울에 올라와 다른 똑똑한 아이들 틈에서
잘해 나갈 수 있을지 걱정이었다.

철민이는 마냥 신이 났다. 새로운 친구들을
만나는 것도, 형사가 되어 멋지게 수사하는 것도
한껏 기대되는 일이었다.

남우는 소심한 성격 탓에
친구들과 잘 어울릴 수 있을지 걱정이 많았다.

나중에 들어온 아이들도 마찬가지였다.
태양이는 남우가 떨어지고 자신이 CSI가 되는 바람에
내심 기대보다는 부담감이 컸다.

운동이는 고생하시는 부모님께 조금이나마
도움이 되고 싶은 마음뿐이었다.

원소는 요리의 팬 카페 회원으로
단순히 요리에 대한 동경 때문에
형사학교에 들어왔다.

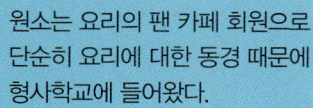

화산이는 형사가 되고 싶다는 생각은 있었지만
소극적인 성격 탓에 자신이 없었다.

하지만 이제 아이들은 달라졌다.
저마다 우여곡절을 겪기도 했지만
잘 극복하고, 새로운 꿈을
꾸기 시작한 것이다!

태양이는 영재학교로
진학하여 대학에서
법학을 전공하기로 했다.
태양이의 꿈은 바로
사람의 마음까지
어루만져 주는 따뜻한
법을 집행하는 법관.

철민이는 감전일에게 일본으로 와도 좋다는 허락을 받아 냈다. 그리고 일본의 경찰대학 부속 고등학교에서 입학 허가도 받아 놓았다.

수리는 과학추리소설가가 꿈. 그래서 일반 학교에 진학할지, 아니면 국립형사학교에 진학할지를 놓고 고민 중이다.

별이는 배우의 꿈을 새롭게 꾸게 되었다. 그래서 부모님을 설득할 방법을 찾고 있다.

원소는 법화학자가 되기 위해 과학고등학교에 진학하기로 했다.

운동이와 화산이는 국립형사학교에 진학하기로 결정했다.

남우는 미국 유학을 가서 사회복지학을 공부하기로 했다.

저마다 새로운 꿈을 꾸고 있는 아이들. 이제 함께할 시간이 얼마 남지 않았다는 생각에 하루하루 시간 가는 것이 아쉬웠다.

핵심 과학 원리 | 전기장과 전기영동

# 사건 1
# 위조지폐범을 잡아라!

잠시 후, 안 형사가 왔다.
"위조지폐 사건이야."
끔찍한 사건이 아니라 일단 다행이다 싶었다.
하지만 위조지폐라니, 왠지 만만치 않은 사건인 듯한 느낌.

##  위조지폐가 발견되다

크리스마스이브. 아이들은 파티를 하기 위해 학교에 모였다. 각자 뽑은 친구에게 줄 선물도 고민, 또 고민해서 준비하고, 한껏 멋도 부렸다.

드디어 선물 교환 시간. 태양이는 별이에게 별 스탠드를 선물했다. 불을 끄고 스탠드를 켜면 방 안이 온통 별 그림자로 가득 차는 스탠드. 별이 이름이랑 꼭 맞는 선물이었다. 사실 그건 태양이도 가지고 있는 스탠드였다. 주말에 집에 갈 때면 그 별 스탠드를 켜 놓고 음악을 듣곤 했다. 별이가 그 스탠드를 켤 때마다 자신을 생각해 줬으면 하는 마음으로 준비한 선물이었다.

"와, 밤에 켜면 멋지겠다. 고마워, 태양아."

좋아하는 별이의 모습을 보니 태양이는 기분이 좋았다. 왠지 자신의 마음이 별이에게 전해진 것 같아 기뻤다.

별이는 수리에게 최근에 나온 샤일록 잡스의 추리소설집을 선물했다. 추리소설을 쓰는 수리에게 딱 안성맞춤인 선물이었다.

"꼭 베스트셀러 작가가 돼야 해. 아, 그리고 드라마나 영화로 만들 때 나한테 주인공 부탁하면 출연해 줄게."

"그래? 그건 네가 유명 배우 되면 생각해 볼게."

별이의 농담을 센스 있게 받아치는 수리. 정말 많이 바뀌었다.

수리는 태양이에게 DVD를 선물했다. 법관이 되고 싶어 하는 태양이를 위해, 불의에 맞서 싸우는 변호사의 이야기를 다룬 영화를 선물한 것이었다. 태양이가 말했다.

"와, 이거 꼭 보고 싶었던 영화였는데. 고마워."

수리는 태양이에게 조금이나마 도움이 된 것 같아 기뻤다.

철민이는 운동이에게 완력기를 선물했다. 운동이가 요즘 부쩍 근육 키우기에 관심을 보이고 있기 때문이었다. 운동이는 원소에게 예쁜 머리띠를, 그리고 원소는 화산이에게 유명 사진 작가가 촬영한 세계자연유산 사진집을, 화산이는 남우에게 작고 예쁜 소나무 화분을, 남우는 철민이에게 휴대용 일어 사전을 선물했다. 졸업 후 곧바로 일본으로 유학 갈 철민이를 배려한 선물이었다. 철민이가 말했다.

"안 그래도 일본어 때문에 걱정이었는데. 고맙다, 잘 쓸게."

고민한 덕에 다들 친구의 마음을 잘 헤아린 선물을 전했다. 하지만 아이들에게 무엇보다 소중한 선물은 바로 여덟 명의 친구들임을 잘 알고 있었다. 그동안 수많은 사건들을 함께 겪으며 서로에게 느꼈던 갖가지 감정들. 이제 그 감정들이 한 권의 두꺼운 앨범이 되어 언제든 다시 꺼내 볼 때마다 즐거움이 되고 기쁨이 될 것이다. 그리고 오늘의 크리스마스 파티도 그 앨범의 멋진 한 페이지가 될 것이다.

그렇게 크리스마스 파티를 끝낸 다음 날, 아이들은 각자 집에서 가족과 함께 시간을 보내고 있었다. 집이 해남인 수리는 별이네 집에서 하룻밤 자고 오늘 저녁 기차로 집에 갈 예정.

그런데 수리가 학교에 놓아 둔 짐을 가지러 별이네 집을 막 나서려던 차에, 안 형사가 전화를 했다. 다급한 목소리였다.

"CSI, 빨리 학교로 모여. 사건이야."

크리스마스 날 무슨 사건? 여하튼 사건이라니, 수리도 일단 예매한 기차표를 취소하고 별이와 함께 학교로 향했다.

수리와 별이가 도착해 보니, 벌써 철민이와 태양이가 와 있었다.

"무슨 사건이래?"

철민이가 물었다.

"혹시 살인 사건 같은 건 아니겠지?"

수리가 걱정되는 표정으로 말했다. 다른 아이들도 표정이 심각해졌다. 오늘은 모두가 행복해야 할 크리스마스. 이런 날은 제발 그런 끔찍한 사건이 안 일어났으면 하는 바람이었다.

잠시 후, 안 형사가 왔다.

"위조지폐 사건이야."

끔찍한 사건이 아니라 일단 다행이다 싶었다. 하지만 위조지폐라니, 왠지 만만치 않은 사건인 듯한 느낌. 안 형사가 말을 이었다.

"조금 전 역신동 전자마트에서 만 원권과 오만 원권 위조지폐가 발견됐다는 신고가 들어왔어."

아이들은 곧바로 역신동에 위치한 전자마트로 출동했다. 마침 크리스마스 특별 세일 마지막 날이어서, 매장 안은 인산인해를 이루고 있었다. 안 형사와 아이들이 도착하자, 지점장이 다급히 나와 말했다.

"일단 사무실로 가시죠."

경찰이 출동했다고 하면 사람들이 동요할까 봐 얼른 사무실로 안내한 것이었다. 안 형사가 자초지종을 묻자 지점장이 대답했다.

"계산대에서 손님께 거스름돈으로 오만 원권을 드렸는데, 잠시 후에 다시 오신 거예요. 위조지폐 아니냐고요. 그런데 정말 자세히 보니 위조지폐더라고요. 혹시나 해서 다른 계산기도 다 뒤져 봤더니, 22장이나 나왔어요."

지점장이 내미는 위조지폐는 만원 권 15장과 오만 원권 7장이었다. 아마도 손님 중 누군가가 위조지폐를 냈는데, 그걸 모르고 받았다가 다른 손님한테 거슬러 준 것 같았다.

"세일 마지막 날이라 정신이 없는데, 이런 사건이 발생해서 여간 당황스러운 게 아닙니다. 범인을 꼭 좀 잡아 주세요."

지점장이 간곡한 말투로 부탁하자 안 형사는 최선을 다하겠다고 답했다. 아이들은 위조지폐를 들고 자세히 살펴보았다.

"컬러 프린터로 출력한 건데요."

태양이가 보자마자 말했다.

"종이도 그냥 일반 복사지네요."

별이도 말했다. 성능 좋은 프린터로 출력한 거라 얼핏 보면 분간하기 어렵지만, 손으로 만져 보거나 자세히 들여다보면 금방 구별해 낼 수 있는 위조지폐였다.

일단 종이부터 달랐다. 진짜 지폐는 일반 종이가 아니라 면섬유로 만든 특수한 종이에 인쇄한다. 면섬유 종이는 일반 종이보다 훨씬 질길 뿐만 아니라, 인쇄가 깨끗하게 되기 때문이다. 하지만 일반 종이에 인쇄한 위조지폐는 당연히 잉크가 잘 번지고 그림이 흐릿해서, 위조임을 쉽게 알 수 있다.

또 면섬유 종이를 사용하여 정교하게 위조했다 하더라도 위조지폐를 구분할 수 있는 방법이 있다. 대부분의 나라에서는 같은 제지 공장에서 만든 면섬유 종이만을 사용하는데, 제지 공장마다 사용하는 섬유가 조금씩 다르기 때문에 섬유의 모양과 색을 살펴보면 그 지폐가 진짜인지 가짜인지 알 수 있다.

그 외에도 지폐에는 다양한 위조 방지 장치들이 숨어 있다. 보는 각도에 따라 색상이 바뀌면서 무늬가 나타나는 홀로그램, 지폐를 상하로 흔들면 은선에 새겨진 태극무늬가 좌우로 움직이고, 또 좌우로 흔들면 태극무늬가 상하로 움직이게 한 부분 노출 은선 등 최첨단 기술들이 적용된다. 그러니 조금만 주의를 기울이면 웬만한 위조지폐는 쉽게 구분할 수 있다.

안 형사가 지점장에게 물었다.

"이 정도면 위조지폐라는 걸 금방 알아볼 수 있었을 텐데요?"

"보셨겠지만 오늘이 세일 마지막 날이라 손님들이 엄청 많았어요. 직원들도 바쁘다 보니까 일일이 확인을 못한 거죠. 그리고 진짜 돈하고 교묘하게 섞어서 냈더라고요."

위조지폐가 나온 계산기는 모두 세 곳. 각각 10만 원, 15만 원, 25만 원이 발견됐고, 그 위조지폐들은 진짜 돈 사이사이에 들어 있었다는 것이었다.

안 형사가 말했다.

"위조지폐 받은 분들 좀 뵙고 싶은데요."

"네, 그러시죠."

지점장은 곧바로 세 명의 직원들을 불렀다. 안 형사가 물었다.

"혹시 수상한 사람은 없었습니까?"

그러자 한 직원이 먼저 대답했다.

"뭔가 이상했으면 그 자리에서 확인했겠죠. 사실 오늘 손님들이 너무 많아서 정신이 없었어요."

다른 직원들의 대답도 마찬가지. 철민이가 의견을 냈다.

"일단 계산대 CCTV 데이터를 확인해 봐야겠네요."

그러자 수리도 의견을 냈다.

"현금으로 물건을 산 데이터를 뽑아 보면 어떨까요? 전자제품은 대부분 카드로 사니까 현금을 낸 사람은 많지 않을 거예요."

그러자 별이가 고개를 갸우뚱하며 말했다.

"하지만 그걸로 인적 사항을 알아낼 수는 없을걸."

듣고 있던 안 형사가 지점장에게 물었다.

"전자마트도 회원들에게 포인트 적립해 주나요?"

"네, 그렇습니다."

안 형사가 CSI에게 지시했다.

"위조지폐 내면서 포인트까지 받진 않았겠지만 그래도 모르니까 한 번 확인해 봐."

일단 회원이라면 신원이 확인되니 훨씬 수월하게 범인을 잡을 수 있을 것이다. 그렇게만 된다면 얼마나 좋을까.

아이들은 먼저 현금으로 계산된 영수증을 모았다. 지금까지 모두 79장. 제품 목록을 쭉 훑어 보니, 거의 다 MP3나 PMP, 전자사전, 휴대용 게임기 등 30만 원 미만의 제품들이었다. 그중 전자마트 회원으로 포인트를 적립한 사람은 모두 37명. 나머지 42명의 신원은 알아낼 수가 없는 상황. 게다가 회원부터 조사해 본다 하더라도 37명을 일일이 조사하기란 쉽지 않은 일이었다.

"어휴, 이건 너무 많잖아."

철민이가 한숨을 쉬었다. 이번엔 태양이가 의견을 냈다.

"지문 감식을 해 보면 어떨까? 돈을 내려면 손으로 세거나 만졌을 테니까 위조지폐에 지문이 남아 있지 않을까?"

그러자 별이가 말했다.

"그게 좋겠다. 하지만 여러 사람 손을 탄 건 지문을 찾아내기 힘들 거야. 일단 계산기 안에 들어 있던 돈을 위주로 감식해 보자."

아이들은 거스름돈으로 나가지 않았던 위조지폐를 추려서 곧바로 과학수사연구소로 보냈다. 그리고 계산대의 CCTV 데이터를 수거하여 학교로 돌아왔다.

##  대담한 범행

그런데 학교에 돌아오자마자 또 다른 문제가 터졌다. 위조지폐 신고가 또 들어왔다는 것.

"삼서동 전자마트래."

안 형사의 말에 아이들은 황당했다. 삼서동이라면 역신동에서 그리 멀지 않은 곳. 이번에도 전자마트였다. 전자마트는 전국에 지점이 123개나 되는 대형 전자제품 대리점이다. 그저께부터 3일 동안 크리스마스 특별 세일을 시작했고, 오늘이 마지막 날. 그것도 휴일인 크리스마스이니 하루 종일 매장이 붐빌 것을 예상하고 디데이로 정한 것이 분명하다. 정말 대담한 범행이라 할 수 있다.

아이들은 다시 삼서동 전자마트로 출동했다. 밤 8시가 넘은 시간인데도 매장 안은 사람들로 붐비고 있었다.

이번에는 계산원이 돈을 거슬러 주다가 손에 잡히는 감각이 이상해서 살펴보니, 가짜 돈이었다는 것. 역시 받을 때는 진짜 돈과 섞여 있었기 때문에 눈치채지 못했다는 것이었다. 오만 원권 10장과 만 원권 6장으로, 모두 56만원. 역신동과 마찬가지로 계산대 세 곳에서 발견되었다.

우선 현금으로 물건을 산 영수증을 확인해 보니, 모두 86장. 역시 PMP, MP3 등 소형 전자제품들이었다. 그 가운데 전자마트 회원은 46명이고, 나머지 40명은 회원이 아니었다.

철민이가 말했다.

"전자마트 회원이 아닐 가능성이 더 커. 그렇게 쉽게 자신의 신분을 노출시킬 리가 없잖아."

그러자 수리가 말했다.

"그래도 일단 확인해 보자. 혹시 역신동과 겹치는 사람이 있을지도 모르잖아."

그렇다면 매우 유력한 용의자를 확보하는 셈. 아이들은 열심히 회원 명단을 비교해 봤다. 하지만 행운의 여신은 아이들의 편이 아니었다. 겹치는 사람이 단 한 명도 없었다. 크게 기대하진 않았지만 그래도 좀 실망스러웠다. 태양이가 말했다.

"역신동 지점과 삼서동 지점 모두 세 군데의 계산대에서 위조지폐가 발견됐잖아. 그렇다면 세 명이 공범 아닐까?"

다른 아이들도 태양이의 의견에 동의했다. 별이가 말했다.

"남은 방법은 한 가지뿐이네. 두 지점의 CCTV 데이터를 확인해서 동일 인물을 찾아보는 거지."

아이들은 삼서동의 CCTV 데이터와 위조지폐를 가지고 학교로 돌아왔다. 그사이 박 교장과 어 형사, 정 형사도 사건 소식을 듣고 나와 있었다. 일단 새롭게 발견된 위조지폐는 과학수사연구소에 지문 감식을 넘기고, 두 곳의 CCTV 데이터는 대조 작업을 벌이기로 했다.

벌써 밤 10시가 다 되어 가는 시간. 그런데 역신동 지점은 아침 10시 개장 때부터 위조지폐가 발견된 5시까지 모두 세 대의 CCTV에 있는 데이터를 모두 봐야 하고, 삼서동 지점은 위조지폐가 발견된 7시 35분까지 모두 네 대의 CCTV 데이터를 봐야 하는 상황. 게다가 동일 인물이 있는지 확인하려면 두 지점의 것을 같이 봐야 한다.

사람들로 붐비는 계산대 앞에서 동일 인물 찾아내기는 거의 서울에서 김 서방 찾기. 생각만 해도 한숨이 나올 정도로 지루한 작업이다. 하지만 꼭 해야 하는 일이고, 그렇다면 누가 할 것인지 결정해야 한다.

"제가 할게요."

태양이가 손을 번쩍 들자 철민이도 나섰다.

"저도 할게요."

어 형사가 대견한 표정으로 말했다.

"그래. 그럼 태양이랑 철민이가……."
그때였다. 박 교장이 나섰다.

"어 형사가 하지."

"네? 제, 제가요?"

"시간이 너무 늦었잖아. 그러니까 너희들은 어서 가서 자고, 어 형사가 해."

"헉! 제가요? 어진이가 저를 얼마나 기다리는데요."

"헉! 이거 다 보려면 완전 밤 꼴딱 새야 되는데. 쌤, 저는 집에서 어진이가 기다리고 있거든요. '아빠, 언제 와? 빨리 와.' 하면서요."

"아니, 어진이가 벌써 말을 한다고? 천재야?"

"말로 하는 게 아니라 눈빛으로 그런다니까요. 아, 그래! 애 없는 정 형사가 해라."

"안 돼요. 저도 가정이 있어요."

"왜? 강 박사가 '자기야, 빨리 와.' 하고 기다리나?"

"푸하하하!"

아이들은 웃음이 터져 버렸다. 역시 어 형사는 웃기는 재주가 있다. 하지만 표정 하나 변하지 않고 대답하는 정 형사.
"그럼요. 당연하죠."
"우~"
아이들의 야유에도 정 형사는 눈 하나 깜짝 않고 안 형사에게 고개를 돌렸다.
"그럼 안 형사가 해."
그러자 안 형사는 갑자기 불쌍한 표정을 지으며 말했다.
"선배님들, 너무하시는 거 아니에요? 짝 없는 것도 서글픈데, 어떻게 그런 말씀을……."
지켜보던 박 교장이 말했다.
"할 수 없군. 알았어. 그럼 내가 하지."
그러자 형사들이 신 나서 소리쳤다.
"정말요? 감사합니다!"
헉! 이렇게 당황스러울 수가. 이쯤 되면 '아닙니다. 저희가 하겠습니다.'라는 말이 나와야 하는 것 아닌지. 박 교장이 어이없다는 표정을 짓자, 별이가 방긋 웃으며 말했다.
"아니에요. 저희가 할게요."
"네. 걱정 말고 들어가세요."
수리도 말했다.

그런데 바로 그때였다. 전자마트 다른 지점 세 곳에서도 위조지폐가 발견됐다는 연락이 온 것이다.

"뭐야, 완전 초스피드네."

철민이가 말했다. 그렇게 조잡한 위조지폐로 들키지 않은 것만 해도 대단한데, 몇 시간 만에 모두 다섯 곳을 싹 쓸어 버리다니, 정말 대단한 배짱이다.

세 지점에서 발견된 위조지폐는 모두 49만 원, 62만 원, 55만 원. 그렇다면 다섯 곳에서 모두 272만 원의 위조지폐가 뿌려진 것. 세 곳 모두 역신동, 삼서동에서 그리 멀지 않은 매장이고, 수법도 똑같았다. 별이가 의문을 제기했다.

"그 많은 전자제품들을 다 어디에 쓰려는 걸까?"

철민이는 번쩍 생각나는 게 있었다.

"혹시 인터넷에서 팔려고 하는 것 아닐까? 인터넷에 중고 사이트 많잖아. 주로 쓰던 물건을 싸게 파는 사이트인데, 어떤 경우에는 진짜 새것도 있더라. 지난번에 나도 거기서 MP3 샀는데, 포장도 뜯지 않은 완전 새것이더라고."

그러자 태양이가 말했다.

"그런 사이트에서 훔친 물건도 많이 판다더라."

"정말?"

별이가 놀란 표정으로 묻자 태양이가 대답했다.

"응. 학생들이 친구들 MP3나 PMP 훔쳐서 중고 사이트에 올려서 판대. 요즘 학교에서 MP3나 PMP 도난 사건이 많은데, 훔친 물건을 그대로 쓰면 들키니까 그런 곳에 팔아서 새것을 사든지, 아니면 게임방이나 노래방 같은 데 가는 돈으로 쓴대."

"어떻게 그런 일이! 가만, 그럼 혹시 이번 사건도 그런 학생들의 짓이 아닐까?"

수리의 말에 어 형사가 고개를 갸웃하며 말했다.

"학생들이 위조지폐까지 만들어서 범행을 저질렀다? 액수도 너무 크고, 짧은 시간에 상당히 조직적으로 범행을 저지른 것으로 봐서, 아마 학생들은 아닐 거야."

박 교장이 말했다.

"여하튼 불법으로 획득한 물건이니, 최대한 빨리 처리하려 들 테지. 일단 오늘은 늦었으니 다들 가서 자고, 너희들은 내일 인터넷 중고 사이트부터 찾아봐라. 최신 제품이 많이 올라온다든가, 연락 전화번호가 동일한 게 있는지 살펴봐."

훔친 물건의 양이 꽤 되니 동시에 쏟아져 나오면 충분히 의심할 만할 것이다.

"그리고 내일 지문 감식 결과도 나올 테니, 좀 두고 보자."

박 교장이 덧붙여 말했다. 결국 CCTV 데이터 대조 작업은 내일 형사들이 하기로 했다.

##  용의자를 찾아내다

다음 날 이른 아침부터 아이들은 인터넷 중고 사이트를 뒤지기 시작했다. 그런데 몇몇 사이트에 들어가 보니, 대부분 '거의 새 제품'이라는 설명과 함께 포장도 뜯지 않은 제품 사진이 올라와 있었다. 진짜 새 제품인지 아닌지 직접 보지 않고는 구분하기 어려웠다. 또 예상과 달리, 물건이 한꺼번에 올라온 것도 없었다.

그렇다면 아직 물건을 올리지 않았거나, 인터넷이 아닌 다른 경로로 팔 생각이거나, 아니면 아예 다른 용도로 쓰려고 훔친 것일 수도 있다. 그렇다고 전자제품 거래상을 모조리 뒤질 수도 없는 일. 이제 어쩐단 말인가.

잠시 후, 어 형사가 위조지폐에서 검출한 지문 감식 결과를 가지고 왔다. 워낙 많은 사람의 지문이 묻어 있어서 지문 감식반에서 밤을 꼬박 새웠다는 것.

어제 의뢰한 역신동과 삼서동의 위조지폐 지문 감식 결과, 지문이 찍힌 사람은 모두 27명. 아이들이 일일이 신분 대조 작업을 했는데 대부분 전자마트 직원이었다. 계산대에서 직접 돈을 받은 직원, 그리고 위조지폐를 서로 돌려 본 다른 직원들이었다. 또 거스름돈으로 위조지폐를 받은 사람의 지문도 나왔는데, 그 사람은 신고한 사람이니 범인은 아니라는 말. 결국 27명 중 특별히 의심스러운 사람은 없었다.

태양이가 황당한 듯 말했다.

"어떻게 된 거지? 그럼 돈 낼 때 장갑을 꼈다는 거야?"

"그럼 CCTV에서 장갑을 끼고 돈을 내는 사람을 찾아보면 어떨까?"

철민이의 말에 아이들은 곧바로 CCTV를 확인하고 있는 안 형사와 정 형사에게 갔다. 상황을 얘기하니, 정 형사가 고개를 갸웃했다.

"지금까지 본 사람 중에 그런 사람은 없었어. 장갑을 낀 채 돈을 냈다? 너무 튀는 행동 아닐까? 가만, 만약 그렇다면 계산대 직원들이 기억할 수도 있겠네."

맞는 말이다. 그래서 직원들에게 전화를 걸어 확인해 봤지만, 모두 그런 사람은 기억나지 않는다는 대답. 아무리 생각해도 이상한 일이었다. 도대체 어떻게 지문을 남기지 않고 돈을 냈단 말인가.

지문 감식으로도 용의자 확보에 실패했으니, 이제 남은 희망은 CCTV 확인 결과였다. 그런데 바로 그때였다.

"어, 이 사람!"

삼서동 데이터를 보던 정 형사가 화면을 멈추며 말했다.

"아까 역신동 데이터에서 본 것 같은데……. 4시 30분쯤."

남자는 턱에 수염이 나 있었다. 젊은 사람이 턱에 수염을 기르고 있어서 정 형사의 눈에 금방 띈 것. 기록된 시간을 보니, 오후 6시 37분. 얼른 역신동 데이터를 찾아보니, 정확히 4시 29분에 같은 남자가 계산을 하고 있는 것이었다.

정 형사의 눈썰미, 정말 대단하다. 어떻게 시간까지 거의 정확하게 기억하고 있단 말인가. 아이들은 혀를 내둘렀다.

남자는 모자를 쓰고 있어서 얼굴은 잘 안 보였지만 대략 25세 전후의 젊은 청년으로 보였다. 검은색 모자를 쓰고, 검은색 점퍼를 입고 있었다. 그런데 손에는 장갑을 끼고 있지 않았다.

"정말 신기하다. 장갑도 안 꼈는데 어떻게 지문이 남지 않았지?"

별이가 중얼거렸다. 별이는 범인을 잡고 나면 꼭 물어봐야겠다는 생각이 들었다.

"다른 공범들도 비슷한 시간대에 있을 거야. 안 형사, 다른 데이터 돌려 봐."

"네."

다른 계산대를 찍은 CCTV 데이터를 돌려 비슷한 시간대를 확인해 보니, 정말 있다. 삼서동에서는 6시 21분, 역신동에서는 4시 36분에 찍힌 똑같은 남자. 역시 모자를 쓰고 있고, 커다란 검은색 뿔테 안경에 파란색 점퍼를 입고 있었다.

세 번째 남자는 삼서동에서는 6시 40분, 역신동에서는 4시 25분에 찍혔는데, 하얀 모자를 쓰고 초록색 점퍼를 입고 있었다. 둘 다 25세 전후로 보이는 젊은 청년들이었다.

"젊은 사람들이 참 한심하네. 멀쩡해 보이는 사람들이 열심히 일할 생각은 안 하고 말이야."

안 형사가 혀를 찼다. 정 형사가 아이들에게 명령했다.

"자, 얼굴 다 확인했지. 다른 세 지점 CCTV에서도 찾아봐."

"네!"

아이들은 각자 흩어져 오늘 아침 다른 세 곳에서 보내온 CCTV 데이터를 검색했다. 그리고 마침내 다른 세 지점 CCTV에서도 용의자들의 모습을 확인할 수 있었다.

제일 앞 시간은 역신동 4시 15분, 제일 마지막 시간은 홍이동 7시 17분. 세 명의 범인은 거의 세 시간 동안 모두 다섯 군데의 전자마트를 돌아다니며 위조지폐로 소형 전자제품들을 집중적으로 구입한 것이었다.

"일단 세 명의 용의자 사진 뽑아서 직원들한테 확인해 봐."

안 형사의 명령에 아이들은 곧바로 사진을 뽑아 사건이 발생한 전자마트로 향했다. 아이들이 매장 직원들에게 일일이 사진을 보여 주며 기억나는지를 물었지만 하나같이 고개를 저었다. 아무래도 워낙 손님들이 많았던 날이어서 다들 정신이 없었던 모양이었다. 그런데 역신동 매장 직원 하나가 기억을 해 냈다.

"턱에 수염 난 남자. 이 사람은 본 것 같아."

별이가 다시 물었다.

"혹시 다른 건 기억 안 나세요?"

"한참 고르지도 않고 자기가 찾는 물건만 몇 개 사 갔던 것 같아. 별로 특별한 점은 없었어."

용의자를 확보했지만 그들의 신원을 확인할 길이 없었다. 좋은 방법이 없을까?

##  잉크를 추적하라!

아이들이 고민에 빠져 있던 중, 수리는 문득 생각나는 것이 있었다.

"맞다! 그 위조지폐, 잉크젯 프린터로 출력한 거잖아! 그렇다면 잉크가 어느 회사 제품인지 확인해 보면 어떨까?"

그러자 철민이가 고개를 갸웃하며 물었다.

"그걸 알아서 뭐하게?"

수리가 대답했다.

"잉크를 분석해 어느 회사 제품인지 알아낸 다음, 그 잉크를 파는 매장에 가서 샅샅이 뒤져 보는 거야. 용의자 사진 보여 주면서."

그러자 태양이가 말했다.

"잉크 파는 곳이 한두 군데도 아니고, 그걸 어떻게 다 찾아? 게다가 요즘은 문구점에서도 웬만한 잉크는 다 팔잖아."

"위조지폐가 발견된 다섯 곳이 전부 근처에 모여 있잖아. 그러니 일단 그 주변부터 뒤져 보자고."

수리가 다시 의견을 내자 이번엔 철민이가 반대했다.

"하지만 새 잉크를 사지 않고 원래 있던 것을 썼을 수도 있어."

별이가 가지고 있던 위조지폐를 살펴보며 말했다.

"글쎄, 위조지폐의 색이 아주 선명한 걸로 봐서는 새 잉크를 썼을 가능성이 큰 것 같아."

아이들의 의견이 엇갈렸다. 하지만 이대로 아무것도 안 하고 있는 것보다는 뭐라도 해서 단서를 찾아내야 한다는 데 의견의 일치를 보았다. 별이가 수리에게 물었다.

"그런데 잉크가 어느 회사 제품인지 어떻게 알 수 있을까?"

수리가 대답했다.

"모세관 전기영동을 이용하면 돼."

철민이도 생각이 나는 듯 말했다.

"맞다! 모세관 전기영동을 이용하면 크로마토그래피 분석법보다 훨씬 정확하게 물질의 성분을 분석할 수 있다더라."

태양이가 물었다.

"모세관이 아주 가는 관이라는 건 알겠는데, 전기영동은 뭐야?"

수리가 대답했다.

"전기영동은 시료를 전기장 안에서 이동하게 함으로써 물질을 분리해 내는 방법을 말해."

"전기장이라면 전하로 인한 전기력이 미치는 공간을 말하는 거잖아."

철민이의 말에 수리가 고개를 끄덕이며 설명을 덧붙였다.

"맞아. 물질 중에는 전기적으로 중성인 것도 있지만, (+)전기를 띠고 있거나 (−)전기를 띠고 있는 것들도 많아. 그런데 서로 다른 전기를 띤 전하 사이에는 잡아당기는 힘, 즉 인력이 작용하기 때문에 전기장 안에 물질을 넣으면 (+)전기를 띤 물질은 (−)극 쪽으로, (−)전기를 띤 물질은 (+)극 쪽으로 이동하지. 그리고 이때 물질이 이동하는 정도는 입자의 크기와 모양, 전하량, 용액의 산성도나 점성도에 따라 다르거든. 바로 그 차이를 이용해 물질을 분리해 내는 거야."

### 전하와 전하량

모든 전기 현상의 근원이 되는 것을 전하라고 해. 전하가 이동하는 것이 바로 전류야. 전하에는 양전하와 음전하가 있는데, 같은 부호의 전하 사이에는 서로 밀어내는 척력이 작용하고, 다른 부호의 전하 사이에는 서로 잡아당기는 인력이 작용해. 전하의 양을 전하량, 또는 전기량이라고 부르는데, 단위는 C(쿨롱)을 쓰지.

수리의 설명을 들은 태양이가 말했다.

"좋아. 그럼 일단 과학수사연구소에 의뢰해 보자."

아이들은 곧바로 과학수사연구소에 모세관 전기영동으로 위조지폐에 사용된 잉크를 조사해 달라고 요청했다.

그리고 드디어 저녁 시간이 다 되어 갈 무렵 결과가 나왔다. 유명 브랜드 TP사의 잉크. 게다가 너무도 다행인 것은 TP사의 잉크젯 프린터 중 그 잉크를 쓰는 모델은 딱 하나이고, 그 잉크는 TP사 대리점을 통해서만 판매한다는 것이었다. 아이들이 안 형사에게 보고하자, 안 형사가 말했다.

"이제야 단서가 잡히네. 주변 TP사 대리점부터 찾아보자."

얼른 TP사 홈페이지로 들어가 찾아보니, 사건이 발생한 지역에 위치한 대리점은 모두 일곱 군데. 형사들과 아이들은 뿔뿔이 흩어져 대리점으로 갔다. 그리고 용의자들의 사진을 보여 주며 혹시 본 적이 있는지 물었다. 하지만 용의자를 본 사람은 좀처럼 나타나지 않았다. 이러다가는 TP사의 서울 대리점을 모두 다 뒤져야 할 상황. 물론 그것도 범인이 최근에 잉크를 사 갔다는 전제 하에서나 가능한 일이다.

그런데 너무도 다행히 철민이가 방문한 대리점에서 성과가 있었다. 대리점 사장이 용의자 중 한 사람, 바로 턱에 수염 난 사람을 기억해 냈다. 역시 수염 때문에 튀긴 튀나 보다.

"크리스마스이브였어. 저녁 8시쯤 왔나? 젊은 사람이 턱에 수염을 길렀기에 좀 특이하다 했지."

"혼자 왔었나요?"

철민이가 물었다.

"아니. 둘이 같이 왔었는데, 한 사람은 안 들어오고 밖에 서 있어서 자세히는 못 봤어."

"잉크 값은 현금으로 냈나요, 아니면 카드로 냈나요?"

"기다려 봐. 좀 찾아볼게."

대리점 사장은 24일 결제한 영수증을 찾아보더니, 그중 마지막 장을 꺼내 주며 말했다.

"이거다! 카드로 냈네."

12월 24일 8시 12분에 결제한 카드 영수증이었다. 그렇다면 이제 됐다. 카드 소지자를 조회하면 신원은 확보한 셈. 범인을 잡는 건 시간 문제다.

##  범인을 검거하다

철민이가 안 형사에게 보고하자, 안 형사는 곧바로 신용카드 번호로 신원을 확인했다. 27세 최무한. 주소지는 삼서동이었는데, 삼서동 전자 마트에서 채 300미터도 떨어지지 않은 곳이었다.

안 형사는 곧바로 체포영장과 압수수색영장을 발부받았다. 그리고 아이들과 함께 최무한의 집으로 출동했다. 밤 늦은 시간이었지만, 범인의 신원을 파악한 이상 조금도 지체할 수 없었다. 다행히 최무한은 집에 있었다. 턱에 기른 수염이 눈에 띄었다. 멋으로 길렀는지 몰라도 바로 그 수염 덕분에 잡을 수 있었다. 당황한 최무한이 소리를 질렀다.

"무, 무슨 일이에요?"

안 형사가 체포영장과 압수수색영장을 보이며 말했다.

"최무한 씨, 당신을 위조지폐 제작 및 유포 혐의로 체포합니다. 수색해!"

아이들은 집 안을 수색하기 시작했다. 위조지폐를 만든 프린터나 종이, 잘못 인쇄된 파지, 그리고 사용하다 남은 위조지폐가 있는지 샅샅이 뒤졌다. 하지만 아무것도 발견되지 않았다.

증거물이 나오지 않자, 최무한은 딱 잡아뗐다. CCTV 데이터를 보여 줘도 눈 하나 깜짝 않고 거짓말을 했다.

"전자마트에서 세일 기간에 물건을 사면 경품을 준다고 하더라고요. 1등이 차 한 대라기에 당첨 확률을 높이려고 일부러 다섯 군데에 가서 산 거예요."

최무한이 오리발을 내민다면 공범들의 자백을 받아야 한다. 아이들은 최무한의 휴대전화 통화 기록을 조회해 그중 최근에 통화를 많이 한 사람의 목록을 뽑아 보았다. 세 명으로 추려졌는데, 그중 한 명은 여자. 그렇다면 용의자는 나머지 남자 둘이다.

휴대전화 번호로 신원을 확인해 보니, 송삼훈과 장영식. 곧바로 두 사람의 집으로 출동해 체포하고, 집 안을 샅샅이 뒤졌다. 장영식의 집에서는 아무것도 찾지 못했다. 그런데 송삼훈의 방에 프린터가 한 대 있었다. 바로 TP사 제품. 아이들은 증거물로 프린터를 압수했다. 그런데 옷장 안을 살피던 태양이가 소리쳤다.

"찾았어요!"

### 위조지폐를 잡는 복사기

최근 한 복사기 회사에서는 위조지폐를 찍어 내지 못하게 하는 복사기를 만들었대. 지폐를 복사하려고 하면 복사기 자체에서 지폐를 읽어 경고음이 울리고, 복사가 까맣게 되어 나오는 거야. 또 어떤 복사기는 복사기 안에 눈에 보이지 않는 암호를 입력시켜 복사물에 암호가 찍히게 하는 것도 있어. 우리 눈에는 보이지 않지만 특수한 기계로 읽어 내면 그 복사물에 찍힌 암호가 보이는 거지. 그러면 그 암호를 통해 복사기 주인을 찾아낼 수 있대. 그 복사기로 위조지폐를 찍었다가는 당장 잡히는 거지.

태양이의 손에는 위조지폐 만 원권과 오만 원권 두 다발이 들려 있었다. 보자기에 싸서 옷장 안쪽에 넣어 둔 것을 용케도 찾아낸 것이었다. 안 형사가 송삼훈에게 물었다.

"물건은 어디 있죠?"

"창고에요."

송삼훈은 고개를 푹 숙이고 순순히 자백했다. 그의 말대로 창고 안 커다란 상자 안에는 위조지폐로 구입한 전자제품들이 가득 들어 있었다. 이쯤 되자 최무한과 장영식도 자백할 수밖에 없었다.

"지난달 직장에서 잘린 후 먹고 살 길이 너무 막막해서……."

"잘못했어요. 죽을 죄를 지었습니다."

알고 보니, 셋은 중학교 동창. 그중 최무한은 또 다른 전자제품 대리점에서 판매원으로 일했는데, 실적이 좋지 않아 얼마 전에 강제 퇴사를 당했다는 것. 장영식과 송삼훈도 마땅한 일자리 없이 주로 아르바이트를 전전하며 살았다.

셋이 크리스마스이브에 모였는데, 송삼훈이 장난삼아 인터넷에서 오만 원짜리 지폐 그림을 내려 받아 프린터로 출력한 가짜 돈을 선물이라며 친구들에게 줬다는 것. 그런데 최무한과 장영식이 언뜻 보고 속아서 웬일로 돈을 주냐며 좋아하다가 뒤늦게 가짜임을 알았다. 여기에서 힌트를 얻은 세 사람은 가짜 돈을 출력하여 한꺼번에 물건을 사서 팔자는 계획을 세우게 된 것.

전자제품 대리점을 목표로 한 이유는 최무한의 경험에 의한 것이었다. 복잡한 시간에 가서 돈을 내면 쉽게 알아차리지 못할 거라고 확신했는데, 정말 예상이 그대로 적중했던 것이었다. 별이가 물었다.

"그런데 어떻게 위조지폐에 지문을 남기지 않았죠?"

최무한이 대답했다.

"손가락에 순간접착제를 묻혔어."

이런! 손가락에 순간접착제를 바르면 접착제가 막을 형성해서 지문이 남지 않는다는 점을 이용한 것. 외국 수사 드라마에서 봤다고 했다. 그런 데는 어떻게 그렇게 머리가 잘 돌아가는지. 뛰는 경찰 위에 나는 범인이라고나 할까.

그나저나 최근 들어 위조지폐 사건이 많이 늘었다고 한다. 옛날에는 전문적인 위조범들이 위조지폐를 만들어 유통시키는 경우가 대부분이었는데, 요즘에는 최첨단 기능을 가진 성능 좋은 프린터가 많이 나오면서 재미 반, 호기심 반으로 위조지폐를 만들어 쓰는 경우가 많다는 것.

특히 중학생, 고등학생들의 경우 얼마나 큰 죄인지 모르고 그런 일을 저지르는 경우가 있다니, 장난삼아 시작한 것이 큰 범죄로 이어질 수 있는 위험한 일이다.

그렇게 위조지폐 사건은 해결되었다. 여차하면 연말을 사건 해결하느라 정신없이 보냈을 텐데, 수리 덕분에 그래도 쉽게 해결된 것. 수리는 다음 날 아침 일찍 해남으로 내려가는 기차에 올랐다. 그런데 기차 안에서 수리는 별이의 전화를 받았다.

"수리야, 나 됐어!"

전화기 너머 별이가 잔뜩 흥분된 목소리로 말하자 수리는 저도 모르게 소리를 질렀다.

"정말!"

순간, 기차 안 사람들의 시선이 수리에게 쏠렸다. 너무 기쁜 나머지, 덩달아 흥분한 것. 수리는 얼른 목소리를 낮춰 말했다.

"축하해. 정말 축하해."

"고마워. 너한테 제일 먼저 얘기하고 싶었어."

2주 전, 별이는 배우가 되기 위해 예술고등학교 연기과에 입학시험을 치렀다. 그런데 바로 조금 전에 합격 통지를 받은 것이었다. 반대하는 부모님께는 말씀도 못 드리고 몰래 시험을 치른 별이. 수리는 별이에게 응원을 보냈다.

"이제 잘 말씀 드려. 부모님도 이해해 주실 거야."

별이는 수리 같은 친구가 있다는 것만으로도 참 마음이 든든하고 행복했다.

 ## 수리가 들려주는 사건 해결의 열쇠

크리스마스 날에 일어난 위조지폐 사건. 범인을 잡을 수 있었던 것은 전기장과 전기영동에 대해 잘 알았기 때문이야.

### 💡 전기장이란?

전기장이란 전하로 인한 전기적인 힘, 즉 전기력이 미치는 공간을 말해. 전하를 가진 입자가 자기 주변에 거미줄 같은 전기장을 만들고, 전기장 안에 전하를 띤 입자가 들어오면 전기력이 작용하게 되는 거야.

전기장의 세기는 전기장 내의 한 점에 단위양전하(+1C)를 놓았을 때 그 전하가 받는 전기력의 크기로 정해. 전기장의 방향은 양전하에서 나가서 음전하로 들어오는 방향인데, 이것이 곧 전기력의 방향이기도 하지.

전기장은 다른 방법으로도 만들 수도 있어. 자석의 힘, 즉 자력이 미치는 공간을 자기장이라고 하는데, 전기가 흐를 수 있는 도체 주변에서 자기장이

  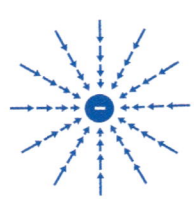

양전하의 전기장　　　음전하의 전기장

〈전기장의 방향〉

시간에 따라 변하면 그 주위에 전기장이 생겨. 이를 '전자기 유도'라고 하는데, 전기를 만들어 내는 발전기의 원리가 바로 전자기 유도야.

## 💡 전기영동이란?

물질 중에는 전기적으로 중성인 것도 있지만 양(+)전기를 띠고 있거나 음(−)전기를 띠고 있는 것들도 많이 있어. 그런데 다른 부호의 전기 사이에는 서로 끌어당기는 인력이 작용하지. 그래서 전기장 안에 전기를 띤 물질을 넣으면, (+)전기를 띤 물질은 (−)극 쪽으로, (−)전기를 띤 물질은 (+)극 쪽으로 이동해. 그리고 이때 물질이 이동하는 정도는 입자의 크기나 모양, 입자의 전하량, 또 용액의 점성도에 따라 달라지지.

전기영동은 바로 이 원리를 이용한 거야. 완충액 사이에 혼합물을 넣고 전기장을 걸어 주면 성분 물질이 가지고 있는 전하와 이동도에 따라 각기 다른 방향과 속도로 이동하게 되거든. 그럼 이를 비교 분석해서 물질의 성분을 확인하는 거지.

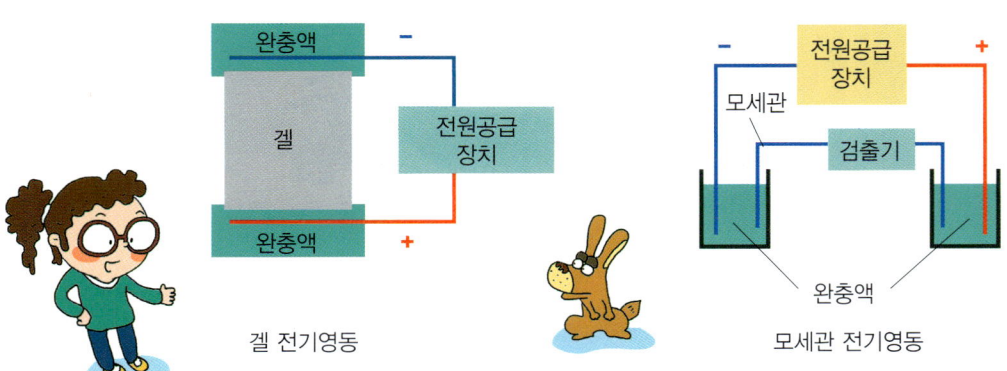

〈전기영동의 원리〉

전기영동은 여러 종류가 있는데, 그중 물질을 젤리같이 끈끈한 젤(gel)을 뚫고 천천히 움직이게 하는 것을 '젤 전기영동'이라 하고, 아주 가는 모세관을 통해 천천히 움직이게 하는 것을 '모세관 전기영동'이라고 해.

1937년 스웨덴의 화학자 아르네 티셀리우스에 의해 처음 시도되었고, 티셀리우스는 그 업적으로 1948년 노벨화학상을 받았어. 요즘은 전기영동이 분리분석화학을 비롯해 생명과학, 의약, 식품, 환경화학 분야까지 널리 쓰이고 있지.

### 전기영동으로 분석하는 DNA

전기영동은 주로 단백질 관련 물질 또는 비슷한 성질을 가진 물질을 분리하는 데 쓰여. 특히 DNA 분석에서 DNA 시료를 복제한 다음 복제된 DNA 조각들을 분류하는 데 사용되고 있지.

DNA는 (−)전하를 지니고 있기 때문에 (+)극으로 끌려. 이러한 성질을 이용해 DNA 조각들이 끈끈한 젤을 뚫고 움직이게 하거나 대단히 좁은 관을 통해 내려가게 해서 천천히 움직이도록 하지. 그럼 작은 조각들은 빠른 속도로 움직이지만 긴 조각들은 느리게 움직이게 되어, DNA 조각들이 길이에 따라 적절하게 분류되는 거야.

### 모세관 전기영동 장치

모세관 전기영동 장치를 보면, 완충액이 채워진 내경 25~100㎛(마이크로미터), 길이 50~100㎝의 모세관이 같은 완충액이 채워진 두 개의 용기 안에 들어 있어. 그리고 그 안에는 전극이 설치되어 있고, 이 전극은 전류

공급 장치에 연결되어 있지.

잉크를 분석하려면 먼저 모세관 한쪽 끝에 소량의 시료를 주입한 후, 양 끝에 전기장을 걸어 주면 돼. 그럼 모세관 안의 이온(전하를 띤 입자)이 각기 다른 속도로 반대 극 쪽으로 이동해. (−)전하를 띤 이온이라면 (+)극 쪽으로 이동하는 거지. 그럼 이동된 이온을 검출하여 어떤 성분인지를 비교 분석하면 돼.

모세관 전기영동 장치를 이용해 잉크를 분석하는 방법은 적은 시료로도 분석이 가능해 문서가 훼손되는 것을 최소화할 수 있다는 장점이 있어. 그래서 문서에서 채취한 소량의 잉크 시료만으로도 문서를 출력하는 데 사용한 잉크의 종류를 알아낼 수 있고, 따라서 프린터나 복사기의 종류도 알아낼 수 있지.

〈모세관 전기영동 잉크 분석 장치〉

그러니까 생각해 봐. CCTV에서 위조지폐를 만들어 쓴 용의자를 찾아냈지만 그들의 신원을 알아낼 수가 없었어. 그런데 위조지폐 인쇄에 사용된 잉크를 모세관 전기영동 장치로 분리해 잉크가 어느 회사 제품인지 알아냄으로써 범인을 잡을 수 있었던 거야.

핵심 과학 원리 | 뇌파와 뇌 지문

# 사건 2

# 뇌 지문을 읽어라!

"아, 네. 무슨 일로······?"
그러자 갑자기 울음을 터뜨리는 아주머니.
"우리 딸이, 우리 딸이······ 엉엉엉. 우리 딸 좀······ 엉엉엉."

## 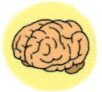 졸업여행 중에 생긴 일

　해가 바뀌고, 일주일 동안 휴식을 즐긴 아이들은 졸업여행을 가기 위해 학교에 모였다. 아이들이 다 모이자 철민이의 자랑이 시작되었다.
　"짠! 이것 봐라. 나 신발 샀다!"
　"우와, 멋지다! 이거 뉴바나나네."
　아이들이 반응을 해 주니, 철민이는 더 신이 나서 말했다.
　"헤헤, 졸업여행을 위해 특별히 준비했지."
　"짠! 어때? 난 스웨터 샀다!"
　이번엔 운동이였다. 빨간색 새 스웨터를 입고 으스대는 모습을 보니, 철민이랑 어쩜 이리 똑같은지. 두 아이의 모습에 다들 저절로 웃음이

났다. 그때였다.

"뭐가 그렇게 좋아?"

"졸업여행이 엄청 기대되나 보지?"

안 형사와 어 형사였다. 태양이가 얼른 물었다.

"그런데 어디로 가는 거예요?"

안 형사가 대답했다.

"고성 통일 전망대."

가만, 어디서 들어 본 적이 있다. 별이가 곧바로 기억을 해 냈다.

"선배들이 졸업여행 갔던 곳 아니에요?"

어 형사가 대답했다.

"맞아. 그때는 해남에서 고성까지 갔는데, 이번엔 거꾸로 고성에서 해남까지 갈 예정이야."

철민이가 깜짝 놀라며 물었다.

"헉! 그럼 우리도 자전거 타고 일주하는 거예요?"

"당연하지."

어 형사의 대답에 여기저기서 아우성이 터져 나왔다.

"우와, 우린 다 죽었다."

"선배들 추워서 엄청 고생했다던데."

"으악! 내 새 운동화 일주일 만에 헌 신발 되겠네."

"너무해요!"

그렇다. 졸업여행 얘기가 나올 때마다 선배들은 얼마나 고생을 했는지 침을 튀겨 가며 말하곤 했다. 장장 700킬로미터에 이르는 먼 길을 7박 8일간 자전거로, 그것도 차가운 겨울바람을 온몸으로 맞으며 달리는 것이 어찌 쉬운 일이겠는가. 어 형사가 말했다.

"해병대 캠프도 거뜬히 해치웠는데 뭘 걱정하나, 이 사람들아."

하긴 맞는 말이다. 아무렴 해병대 지옥 훈련만 하겠는가.

아이들은 일단 고성 통일 전망대까지 버스로 이동했다. 그리고 거기서 자전거로 바꿔 탄 다음, 700킬로미터 자전거 국토 순례를 시작했다. 다행히 지난주까지 날씨가 한참 춥다가 이번 주에는 기온이 좀 올라서 생각보다 춥지는 않았다.

이틀을 달려 도착한 곳은 바로 강원도 원주. 마침 저녁 시간이 돼서 시내의 한 식당에 밥을 먹으러 들어갔다. 허기진 일행은 음식을 푸짐하게 주문했다.

식당 아주머니가 반찬을 갖다 주시며 물었다.

"아유, 이 추운 겨울에 자전거 일주를 한다고? 고생스럽겠네. 어디서 왔어?"

"서울에서 왔어요."

별이가 대답했다. 그리고 형사 학교 학생들이라고 하자 아주머니는 깜짝 놀란 표정으로 말했다.

"어머나, 학생들도 형사가 될 수 있구나. 초등학교 3학년 우리 딸도

장래 희망이 형사인데."

"정말요? 그럼 우리 학교에 보내세요."

운동이가 말했다. 같은 3학년인 동생 지은이가 떠오르며 왠지 친밀하게 느껴졌기 때문이었다. 아주머니는 다 딸 같고 아들 같다며, 서비스로 계란 프라이를 하나씩 해 주셨다. 하루 종일 힘을 뺀 탓에 계란 프라이 하나가 얼마나 반가운지, 다들 게 눈 감추듯 먹어 치웠다.

식사를 마친 아이들은 근처 숙소에 들어가 짐을 풀었다. 그러고는 9시에 잠자리에 들더니 베개에 머리를 대자마자 곯아떨어졌다. 하루 종일 찬바람을 맞고 달리느라 피곤하기도 했을 것이다.

그런데 밤 12시가 다 된 시간, 안 형사의 휴대전화가 요란하게 울렸다. 그 소리에 안 형사뿐 아니라 한방에서 자던 별이, 수리, 원소도 잠이 깼다. 안 형사가 얼른 전화를 받았다.

"여보세요?"

"저, 아까 식당에서 뵈었던 사람인데요."

아까 3학년 딸이 있다며 친절하게 대해 주셨던 식당 아주머니. 식사를 마치고 나오는데, 딸에게 형사 학교를 소개해 주고 싶다며 안 형사에게 명함을 한 장 달라고 해서 드렸었다. 그런데 이 늦은 시간에 도대체 무슨 일이란 말인가. 안 형사는 예감이 안 좋았다.

"아, 네. 무슨 일로……?"

그러자 갑자기 울음을 터뜨리는 아주머니.

"우리 딸이, 우리 딸이…… 엉엉엉. 우리 딸 좀…… 엉엉엉."

우느라 차마 말을 잇지 못하는 아주머니. 아주머니의 딸에게 나쁜 일이 생긴 게 분명하다. 안 형사가 말했다.

"아주머니, 진정하시고 차근차근 말씀해 보세요."

얘기를 들어 보니, 아주머니가 일을 마치고 집에 왔는데 딸이 없더란다. 그리고 방 안에는 피가 떨어져 있었다는 것. 경찰에 신고를 했는데, 기다리는 사이에 아까 받은 명함이 생각나 전화를 했다는 것이었다.

"우리 딸 좀, 제발 우리 딸 좀 찾아 주세요. 엉엉엉."

별이와 수리, 원소도 휴대전화 밖으로 들리는 소리와 안 형사의 말에 대강 무슨 일이 일어났는지 짐작이 됐다. 안 형사가 전화를 끊고 황급히 옷을 갈아입는 걸 보고 별이가 물었다.

"가 보시게요?"

"그래야지."

그러자 별이가 벌떡 일어나며 말했다.

"저도 갈게요."

"저도요."

원소와 수리도 일어나려는데 안 형사가 말렸다.

"아니야, 너희는 여기 있어. 경찰 불렀다니까 일단 내가 가 보고 전화할게."

안 형사가 나가자 아이들은 걱정이 되어 잠이 오지 않았다. 핏자국이 있고, 아이가 사라졌다니. 도대체 무슨 일이 일어난 것일까?

##  은주를 찾아라!

아주머니의 집은 시내에서 30분쯤 떨어진 작은 마을이었다. 안 형사가 도착해 보니, 원주 경찰서 강력반에서 나와 현장 감식을 막 시작하고 있었다. 동네 사람들 몇몇이 나와 있고, 아주머니는 길가에 주저앉아 울고 있었다.

"아주머니!"

안 형사가 부르자 벌떡 일어나 안 형사를 붙잡고 우는 아주머니.

"아이고, 형사님. 우리 딸 좀 찾아 줘요. 우리 은주 좀 살려 줘요. 엉엉엉."

"괜찮을 거예요. 진정하세요."

안 형사가 위로의 말을 건넸다. 말은 그렇게 했지만 안 형사는 느낌이 좋지 않았다. 집에 있던 아이가 사라졌고, 핏자국만 남아 있다는 것. 아이의 목숨이 위태로울 수 있는 상황이다.

딸의 이름은 여은주. 초등학교 3학년. 식구는 아주머니와 은주, 둘뿐

이었다. 아주머니가 시내 식당에서 일을 하고 매일 밤 12시나 되어야 돌아오기 때문에 은주는 항상 혼자 있다는 것. 학교 수업이 끝나면 곧바로 학교 근처에 있는 보습 학원에서 영어와 수학 수업을 듣고, 집에 오는 시간은 7시 반. 보통 그때쯤 아주머니와 통화를 하곤 했는데, 오늘은 은주한테서 전화가 없었다는 것이었다.

"일하다가 문득 시계를 보니까 8시가 다 되어 가더라고요. 그래서 집에 전화를 했더니, 안 받는 거예요. 친구 집에 놀러 갔나 하고는 식당 일이 바빠서 계속 전화를 못 해 봤죠. 그러다가 11시가 다 되어서 다시 전화를 했는데…… 흐흐흑."

그때도 받지 않더라는 것. 그래서 부랴부랴 집으로 오며 학원과 은주 친구 집 등 여기저기 전화를 했는데, 아무도 은주의 행방을 모르는 상황. 집에 와 보니 현관문의 자물쇠는 다 부서져 있고, 아이가 없었다. 뿐만 아니라 난장판이 된 방 안에는 피까지 흩어져 있었다. 그걸 본 아주머니는 까무러칠 지경. 겨우 정신을 차리고 신고를 한 것이었다.

안 형사는 원주 경찰서 김순혁 반장을 찾아 인사를 나눴다. 김 반장이 말했다.

"핏자국이 굳은 상태로 봐서 최소 네다섯 시간은 지난 것 같아요."

안 형사가 물었다.

"수색은 시작했습니까?"

"네, 방금 시작했습니다. 그런데 너무 어두워서……."

이미 밤 1시가 가까워지는 시간. 가로등조차 드문드문 있는 동네라 수색이 쉽지 않으리라.

한편, 별이와 수리와 원소는 다시 잠자리에 들었지만 통 잠이 오지 않았다. 안 형사에게서 전화도 없고 오지도 않는 걸 보니, 뭔가 큰일이 벌어진 것이 분명했다.

"일단 어 형사님께 말씀 드리자."

아이들은 날이 밝자마자 어 형사를 깨웠다. 그리고 간밤에 있었던 일에 대해 얘기했다. 어 형사가 곧바로 안 형사에게 전화를 걸어 상황을 물었다. 통화가 끝나자 별이가 물었다.

"어떻게 됐대요?"

"아직 못 찾았대."

어 형사가 대답했다. 잠에서 깬 남자아이들도 심상치 않은 분위기를 눈치 채고 물었다.

"무슨 일 있어요?"

상황을 이야기하자, 운동이가 제일 많이 놀라며 되물었다.

"그 아주머니 딸이요? 3학년이

라고 했던?"

별이가 고개를 끄덕이자 운동이는 벌떡 일어나며 말했다.

"우리도 찾아봐요!"

하지만 아이들은 지금 졸업여행 중이고, 7박 8일로 일정이 빠듯하게 짜여 있었다.

"너무 늦어지면 안 되는데……."

어 형사가 망설이자 별이가 말했다.

"그래도 그냥 갈 수는 없잖아요. 일단 현장에 들러 보기라도 해요."

다른 아이들도 동의했고 결국 어 형사도 허락했다. 어 형사와 아이들은 재빨리 사건 현장으로 향했다. 아이들이 도착한 시간은 오전 8시. 그런데 그때까지 은주의 행방은 찾지 못했다. 아주머니는 완전히 탈진한 상태. 안 형사가 아주머니를 위로하고 있었다.

안 형사가 어 형사에게 말했다.

"같이 수사하는 건 어떨까요?"

어 형사도 고민에 빠졌다. 계획된 일정에 차질이 생기지만 그렇다고 매몰차게 돌아서는 것도 내키지 않았다. 어 형사가 김 반장에게 의논하자, 김 반장은 흔쾌히 수락했다.

"시간을 다투는 일이니 도와주시면 고맙죠."

그렇게 해서 아이들은 수사에 참여하게 되었다. 어 형사가 명령을 내렸다.

"태양이랑 별이는 현장 다시 확인하고, 수리랑 철민이는 외부를 살펴봐. 화산이랑 남우는 집 주변에 목격자 있는지 알아보고, 원소랑 운동이는 어제 은주의 동선 확인해 봐."

"네."

일사불란하게 자신에게 맡겨진 일을 시작한 아이들. 먼저 태양이와 별이는 집 안을 둘러보았다. 대문은 따로 없고, 길가에서 바로 현관문을 열고 들어가는 구조. 현관문을 열고 들어가면 작은 부엌이 나왔다. 부엌 안쪽으로 방이 하나 있는데, 방문 바로 앞에서 둔기로 내려친 듯 핏자국이 사방으로 튀어 있었다. 그리고 방 안에는 장롱과 서랍장 문이 열려 있었다.

핏자국과 지문은 김 반장이 이미 채취하여 감식을 의뢰한 상황. 아이들은 그 외의 다른 증거물이 없나 찬찬히 살펴보기 시작했다. 태양이가 핏자국을 보며 말했다.

"핏자국이 튄 방향으로 봐서, 방으로 들어오는 피해자를 문 앞에서 둔기로 내리친 것 같아."

별이도 동의했다.

"맞아. 핏자국의 이동이 없는 것으로 봐서, 피해자는 그 자리에서 쓰러졌고."

그렇다면 범인은 이미 방 안에 있다가 문을 열고 들어오는 피해자를 보고 둔기로 머리를 내리쳤고, 피해자는 그 자리에서 쓰러졌다는 말.

또 피가 쓸린 자국이 있는 것으로 봐서, 피해자를 뭔가로 감싼 다음 외부로 도망친 것이 분명했다.

어 형사가 안 형사에게 물었다.

"없어진 물건은?"

"금반지 한 개랑 이번 달 생활비로 찾아서 서랍장 깊이 넣어 둔 30만 원이 없어졌대요."

"그래?"

'고작 그거?'라는 의미로 되묻는 어 형사. 안 형사가 그 뜻을 이해하고 대답했다.

"그래서 혹시 주위에 원한 관계가 있는지 물었는데, 전혀 짐작 가는 사람이 없대요. 동네 사람들은 10년 넘게 얼굴을 봐 오면서 허물없이 지내는 것 같았어요."

빠듯해 보이는 은주네 살림살이, 그리고 잠깐 만났지만 은주 엄마가 가진 성품으로 봐서는 누구한테 크게 원한을 살 만한 사람은 아니라는 생각이 들었다. 주변 이웃들도 젊은 사람은 없고 거의 50대 이상 되는 분들인 데다가, 10년 넘게 살면서 은주 엄마와 이웃 간에 다툼 같은 건 전혀 없었다는 것.

그렇다면 외지에서 온 사람의 소행일까? 왜 하필 잘사는 동네도 아니고, 또 동네에서도 형편이 그리 좋아 보이지 않는 은주네 집에 들어온 것일까?

"아, 그리고 얇은 이불 하나가 없어졌대요. 피해자를 감싸 옮기는 데 사용한 것으로 보여요."

안 형사가 덧붙여 말했다. 어 형사의 표정이 한층 더 어두워졌다.

한편, 집 바깥을 검사하던 수리와 철민이는 현관 쪽을 유심히 살펴보았다. 부서진 자물쇠는 김 반장이 증거물로 가져간 상태라 어떻게 부서졌는지 확인할 수 없었지만, 자물쇠 주변 문에 여러 번 내리친 자국이 선명하게 남아 있는 것으로 봐서 망치 같은 도구를 이용한 것이 분명해 보였다.

범인은 문이 자물쇠로 잠겨 있는 걸 보고 빈집인 줄 알았을 것이다. 그래서 물건을 훔치러 들어왔는데, 은주가 나타나자 은주를 해친 것은 아닐까? 수리가 말했다.

"발자국이 있는지 찾아보자."

수리와 철민이는 눈을 부릅뜨고 수상한 발자국을 찾았다. 하지만 현관문 바로 앞까지 시멘트 길이 연결되어 있고, 그사이 많은 사람들이 왔다 갔다 하면서 발자국을 남기는 바람에 범인의 발자국을 찾기란 사실상 어려워 보였다.

화산이랑 남우는 주변 목격자를 찾았다. 아이를 이불로 감싸서 데리고 갔다면 분명 사람들의 눈에 띄었을 것이다. 하지만 아무리 돌아다녀도 목격자는 나타나지 않았다. 대부분 나이 드신 분들이 사는 동네라 밤에는 바깥 출입을 거의 안 한다는 것이었다.

은주네 옆집 할머니도 연세가 많으셔서 귀가 어둡다고 했다. 게다가 텔레비전까지 켜 놓았다고 하니, 소리가 들리긴 만무한 일.
그런데 드디어 마을 초입에 사는 한 아주머니가 은주를 봤다고 진술했다. 화산이가 다시 물었다.
"보셨다고요? 그게 몇 시쯤이었죠?"
"7시 조금 넘었을걸. 학원 차에서 내리더라고."
마침 교회에 가기 위해 나온 아주머니는 은주가 학원 버스에서 내려 집 쪽으로 걸어가는 것을 봤다고 했다. 남우가 물었다.
"7시 반이 아니었나요?"

그러자 아주머니가 대답했다.

"7시 조금 넘었을 때가 맞아. 7시 반에 예배 시작이라 7시에 집에서 나왔거든. 나온 지 얼마 안 돼서 은주를 봤고."

은주가 학원에서 돌아오는 시간은 7시 반이라고 했다. 그렇다면 어제는 평소보다 일찍 돌아왔다는 얘기.

"에휴, 은주 엄마 딸 하나 보고 사는 사람인데……. 딱해서 어쩌나."

아주머니는 안타까운 표정이 역력했다.

운동이와 원소는 은주가 다녔다는 학원으로 가서 학원 버스 기사를 만났다. 은주의 이야기를 듣자 기사 아저씨는 소스라치게 놀랐다.

"어떻게 이런 일이! 은주는 아직 못 찾았어?"

"네. 그런데 어제 몇 시쯤 은주를 내려 주셨나요?"

원소가 묻자 아저씨는 안타까운 표정으로 대답했다.

"7시 조금 넘어서."

"은주가 돌아오는 시간이 원래 7시 반쯤이라고 하던데요?"

"어제 수업이 30분쯤 일찍 끝났어. 그래서 좀 빨리 데려다 줬지."

은주는 1학년에 들어가자마자 학원에 다녔고, 그때부터 평일이면 거의 매일 은주를 집에 데려다 줬다는 아저씨.

"아이고, 이를 어쩌나. 얼마나 착하고 똑똑한 아이인데. 제발 무사해야 될 텐데……."

아저씨는 몹시 마음이 아픈 듯 눈가에 눈물이 맺혔다.

아이들은 다시 한자리에 모였다. 조사한 결과를 정리해 보면, 범인은 망치 같은 것으로 자물쇠를 부수고 집에 침입했다. 원한 관계가 있는 인물은 아닌 듯하고, 단순히 도둑질을 하러 들어온 듯. 그런데 은주가 평소보다 일찍 집에 도착했고, 범행을 들킨 범인은 은주를 둔기로 내리친 후 데리고 도망을 간 것이다.

"왜 은주를 데리고 갔을까?"

태양이가 의아한 표정으로 말했다. 그렇다. 그 부분이 정말 이상하다. 피를 흘리는 상태였고, 누군가의 눈에 띄기도 쉬웠을 텐데, 도대체 왜 그랬을까? 철민이가 말했다.

"사람들 눈에 띄지 않고 아이를 데리고 간 거라면 차량을 이용하지 않았을까요?"

그러자 어 형사가 명령했다.

"인근 도로 CCTV 찾아봐."

날이 밝자마자 시작된 대대적인 수색 작전. 어느새 시간은 정오가 다 되어 가는데 별 성과가 없었다.

## 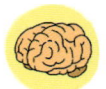 수상한 남자

그런데 화산이와 남우가 동네 아주머니 한 분을 만나 수상한 사람을 봤냐고 물었을 때였다.

"글쎄, 수상한 사람은 잘 모르겠고……. 그런데 갑자기 현식이가 왔더라고."

"현식이요? 그게 누군데요?"

이름은 양현식. 산 밑의 빈집에 살던 사람으로, 한 달 전쯤 갑자기 사라졌는데, 사건 당일 저녁 지나가는 것을 우연히 봤다는 것.

"반가워서 불렀는데, 못 들었는지 그냥 가더라고. 그래서 다음에 보면 인사해야지 하고 말았지."

"어느 쪽으로 가던가요?"

남우가 물었다.

"저쪽으로."

아주머니가 가리키는 곳을 보니, 은주네 집 쪽이었다.

"집이랑 반대쪽으로 가기에 어디 가나 했지."

　얘기인즉슨, 양현식은 원래 이 동네 사람이 아니었다고 한다. 6개월 전쯤 갑자기 마을에 나타나 산 아래 빈집에서 살기 시작했다는 것.
　"그전에 살던 사람이 서울로 이사 가면서 집을 내놓은 게 벌써 3년이나 됐지. 그런데 안 팔려서 계속 비어 있었는데, 그 청년이 오더니 거기서 살더라고."
　"그 집 주인이랑 아는 사이래요?"
　화산이가 묻자 아주머니는 고개를 저으며 대답했다.

"아니, 모른대. 그냥 갈 데가 없어서 일단 짐을 푼 거라고 했어. 처음엔 낯선 사람이라 좀 그랬는데, 인사도 잘하고 성격이 싹싹하더라고. 동네에 죄다 노인들만 있는데 젊은 사람이 나서서 이것저것 도와주니까 고맙더라고. 일도 야무지게 잘하고."

양현식은 그때부터 빈집에 머물면서 집집마다 다니며 여러 가지 잡일을 맡아 했다는 것. 젊은 사람이 싹싹하고 일도 잘하니 사람들이 불러서 일을 시키고, 쌀도 주고 반찬도 주고 했다는 것이었다.

"그런데 한 달쯤 전부터 갑자기 안 보이더라고. 어디 갔나 다들 궁금했는데, 아무도 아는 사람이 없었어. 그러더니 어제 나타난 거야. 하지만 현식이는 아닐 거야. 아무리 생각해 봐도 그럴 사람은 아니야. 그래도 몇 달 동안 이 동네에 정붙이고 산 사람이 설마 그런 짓을 했겠어?"

"그래도 조사는 해 봐야죠. 양현식이 사는 집이 어디죠?"

화산이가 묻자 아주머니는 그 집의 위치를 알려 주었다.

화산이와 남우는 곧바로 안 형사와 어 형사에게 보고했다. 안 형사가 은주 엄마에게 물었다.

"혹시 양현식이라는 사람, 아세요?"

그러자 은주 걱정에 정신이 없던 아주머니가 순간 소스라치게 놀라며 물었다.

"양 씨가 왜요?"

"어제 저녁에 양현식이 마을에 나타난 걸 본 사람이 있답니다. 예전에 그 사람이 집에 온 적 있었나요?"

"네. 외지인이라 처음엔 좀 꺼렸는데, 마을 어른들이 하도 칭찬을 하시기에 저도 점점 좋게 보게 됐어요. 제가 가끔 부침개도 부쳐 주고 그랬죠. 양 씨가 우리 은주랑 놀아 주기도 했고요."

그렇다면 양현식이 아닌가? 자신에게 친절하게 대해 준 사람에게, 또 함께 놀아 주던 아이에게 설마 그런 나쁜 짓을 했겠는가. 하지만 양현식이 갑자기 나타난 것이 수상하기는 했다.

"일단 그 사람 집에 가 보자고. 아직 집에 있을지도 모르잖아."

어 형사와 안 형사, 그리고 아이들은 산 바로 밑에 있는 양현식이 살았다는 집으로 향했다. 은주네 집과는 약 10분 거리, 산 쪽으로 올라가는 길에 위치해 있었다. 하지만 집에는 아무도 없었다. 그렇다면 또다시 사라졌단 말인가.

어 형사가 명령을 내렸다.

"일단 지문 채취하고, 집 안에 혹시 핏자국 같은 거 있나 찾아봐."

만약 양현식이 범인이라면 은주를 여기로 데려왔을 수도 있지 않을까? 하지만 집 안에서 핏자국은 발견할 수 없었다.

안 형사는 다른 아이들과 함께 집 주변을 더 살펴보기로 하고, 화산이와 남우는 어 형사와 함께 지문 채취한 것을 가지고 경찰서로 향했다. 도착해 보니, 은주네 집에서 채취한 지문과 핏자국 감식 결과가 나와 있었다. 김 반장이 말했다.

"지문은 피해자와 피해자 엄마 것만 나왔어요. 핏자국은 피해자 것 맞고요."

어 형사는 양현식의 집에서 채취한 지문을 건네며 말했다.

"김 반장님, 전과자 데이터에서 이 지문 좀 조회해 주시겠어요?"

확인해 보니, 놀라운 사실이 드러났다. 김 반장이 말했다.

"본명은 양현식이 아니라 양현상이네요. 나이는 31세. 전과도 있어요. 7년 전에 강도폭행 혐의로 5년 형을 선고받아 수감됐고, 출소한 지는 2년 정도 됐네요."

어 형사와 아이들은 깜짝 놀랐다.

그렇다면 양현상을 충분히 의심해 볼 만하다. 체포 당시 기록을 보니, 15세 때 가출해 여기 저기 떠돌아다니다 방범이 허술한 집에 들어가 돈을 빼앗고 할머니를 폭행한 죄로 복역했다.

강도짓을 한 이유는 게임비가 떨어져 돈이 필요했기 때문이라고 진술했단다. 또 그때 받은 정신과 상담 결과, 게임 중독 증세가 심했다는 것. 평소에는 유순하나, 흥분을 잘하고 상당히 폭력적인 성향이 있으며, 상황을 판단하는 능력이 떨어진다는 기록이 남아 있었다.

남우가 놀란 표정으로 말했다.

"이번 사건과 아주 비슷해요."

이름을 속이고 동네에 들어온 것은 자신의 범죄 경력이 발각될까 두려워서였을까? 그런데 5개월이나 얌전히 지내던 양현상은 왜 갑자기 마을을 떠났을까? 그리고 왜 다시 되돌아왔을까? 현재로서는 그가 가장 유력한 용의자. 어 형사가 김 반장에게 말했다.

"일단 전국에 양현상 수배령 내려 주세요. 아, 게임방 위주로 샅샅이 뒤지라고 해 주세요."

"네, 그러죠."

그런데 바로 그때였다. 다른 아이들과 함께 양현상 집 뒤의 산을 수색하던 안 형사가 전화를 걸어왔다.

"여자아이의 양말 한 짝을 발견해서 은주 어머니께 보여 드렸더니, 은주 것이 맞대요."

"발견된 위치는?"

"산골짜기 쪽으로 입산 금지된 곳이에요."

"알았어. 지금 갈 테니까 샅샅이 뒤져 봐."

어 형사와 남우, 화산이는 재빨리 산으로 향했다. 그런데 막 산 초입에 도착했을 때, 안 형사가 다시 전화를 했다.

"찾았어요. 그런데······."

안 형사가 말끝을 흐렸다. 은주는 이미 사망한 상태였던 것. 아이들은 소름이 쫙 끼쳤다. 제발 살아 있기를 빌었는데, 결국 싸늘한 주검으로 발견되고 만 것. 어떻게 이런 일이 있을 수 있단 말인가.

시신이 묻힌 곳을 파 보니, 시신은 얇은 이불로 싸여 있었다. 머리에 둔기를 맞고 그 자리에서 숨진 듯. 어 형사가 은주 엄마에게 소식을 전하러 갔다.

"은주가 발견됐어요. 그런데……."

어 형사도 말을 잇지 못했다.

"아이고, 은주야!"

끔찍한 소식을 들은 은주 엄마는 그 자리에서 의식을 잃었다. 혼자 애지중지 키운 딸이 하루아침에 그런 일을 당했으니, 어찌 제정신일 수 있겠는가.

은주 엄마를 급히 병원으로 모시고, 은주의 시신은 과학수사연구소로 보내져 부검이 시작되었다. 그리고 형사들과 아이들은 곧바로 주변 조사를 시작했다. 머리카락 한 올이라도 놓치지 않으려고 샅샅이 뒤졌지만 별다른 증거를 찾아내지 못했다.

태양이가 말했다.

"입산 금지 장소를 알아서 시신을 유기했다는 것은 범인이 이곳 주변에 대해 잘 알고 있다는 뜻이지."

"양현상이 범인이야. 분명해."

운동이가 씩씩거리며 말했다. 동생과 같은 학년의 아이가 그런 일을 당했다는 것이 운동이는 너무 화가 나고 속상했다.

그나저나 사건 발생 추정 시간은 어제 저녁 7시경. 지금은 벌써 오후 4시다. 거의 21시간이 지났으니, 양현상이 어디로 숨었는지 쉽게 찾을 수 있을까? 어 형사가 말했다.

"지명 수배 내렸으니까 좀 기다려 보자."

그런데 한 시간쯤 후, 김 반장이 급하게 전화를 걸어왔다.

"양현상, 잡았어요!"

생각보다 빨리 들린 검거 소식. 형사들과 아이들은 부리나케 경찰서로 달려갔다. 어 형사가 경찰서 안에 들어서자마자 김 반장에게 물었다.

"어디서 잡았습니까?"

"터미널 근처 게임방에서요."

양현상은 범행 후에 멀리 도망가지 않고 줄곧 이곳에 있었다는 것. 게임방이라는 말을 들은 형사들과 아이들은 기가 막힐 따름이었다.

어 형사와 김 반장이 양현상의 취조를 시작했다. 하지만 양현상은 자신의 무죄를 주장했다.

"난 정말 모르는 일입니다."

"사건 당일 당신이 마을에 나타난 걸 목격한 사람이 있어요."

어 형사가 말했다.

"짐을 좀 챙기려고 잠깐 갔다 온 것뿐입니다."

김 반장이 다그쳤다.

"그런데 어제는 왜 집에서 안 잤어요?"

"게임방에서 게임하느라 그랬어요."

아이들은 도무지 이해가 안 갔다. 게임 중독이라는 정신과 소견이 있었지만 아무리 그래도 어떻게 사람을 죽이고도 태연히 게임을 할 수 있었을까?

양현상은 시간이 갈수록 점점 폭력적인 성향을 드러냈다. 책상까지 탕탕 쳐 가며 화를 냈다.

"내가 아니라는데 왜 그래요? 오래 전에 한 번 실수했다고 이렇게 뒤집어씌워도 되는 겁니까?"

흥분을 잘하고 폭력적 성향을 보인다고 하더니, 정말 그런 모습이었다. 아무래도 자백을 받아 내기는 어려울 듯. 그렇다면 좀 더 정확한 증거가 필요한 상황이다. 게다가 부검 결과는 내일에나 나온다니, 아무래도 오늘 밤은 그냥 넘겨야 될 형편이었다.

## 뇌파를 측정하라!

그런데 바로 그때, 태양이는 번쩍 생각나는 게 있었다.

"뇌 지문 검사를 해 보면 어떨까?"

운동이가 물었다.

"뇌 지문 검사라고? 뇌에도 지문이 있나?"

그러자 태양이가 대답했다.

"손에 있는 그런 지문이 아니야. 우리 몸에는 생명 활동을 할 때, 그리고 어떤 자극을 받았을 때 전류가 흘러. 특히 사람의 뇌 속에 있는 신경 세포에서도 전류가 발생하는데, 이를 측정해서 기록해 놓은 것이 바로 뇌파야."

철민이가 아는 척을 하며 나섰다.

"알파파, 베타파. 뭐 그런 거?"

"그래. 그런데 우리 뇌는 익숙한 그림이나 문자를 지각하면 0.3초 이후에 뇌에서 P300이라는 뇌파를 발생시켜. 이를 이용하는 것이 바로 뇌 지문 검사지. 머리 위에 열 개쯤 되는 미세 전극이 내장된 장치를 씌우고 범죄 장면 사진이나 단어 등을 컴퓨터 화면으로 보여 주면서 뇌에 저장된 특정 뇌파인 P300파의 반응을 검사하는 거야. 뇌파는 거짓말을 하지 않으니까 중요한 증거가 될 수 있어."

태양이의 얘기가 끝나자 운동이가 말했다.

### 전기뱀장어의 전기는 얼마나 셀까?

어류 중에는 강한 전류를 일으키는 것들이 있어. 우리나라 남해에 사는 전기가오리는 30V(볼트)나 되는 전기를 만들고, 나일 강에 사는 전기메기는 400~450V, 아마존 강에 사는 전기뱀장어는 무려 650~850V의 전기를 만들지. 잘못 만지면 그 자리에서 감전될 수도 있어. 그래서 전기뱀장어를 잡을 때에는 먼저 수면을 몽둥이로 두드려야 돼. 그러면 뱀장어가 놀라 스스로 전기를 방전시키거든. 바로 그때 그물로 잡으면 되지.

"거짓말 탐지기랑 비슷한 거네."
그러자 남우가 대신 대답했다.
"맞아. 하지만 거짓말 탐지기는 맥박과 혈압의 변화를 측정하는 것인 반면에, 뇌 지문 탐지기는 뇌파 반응이나 변화를 세밀하게 분석해 내기 때문에 정확도가 훨씬 높은 것으로 알려져 있어."
안 형사가 고개를 끄덕이며 말했다.
"최근 미국에서는 뇌 지문 분석 결과가 법원에서 증거 능력으로 인정되는 추세지. 좋아, 일단 해 보자."

### 뇌파 학습기를 쓰면 성적이 오른다?

뇌파 학습기는 뇌파 조절을 이용해 적당한 뇌파를 이끌어 내는 기계야. 깜박거리는 빛과 소리를 이용해서 특정 뇌파를 이끌어 내지. 하지만 아직 뇌파 학습기를 사용해서 학습 효과가 높아졌다는 결과가 공식적으로 확인되지는 않았어. 다만, 몸과 마음이 지친 상태에서 사용하면 긴장된 근육도 풀어지고 몸과 마음이 안정되기 때문에 집중력이 높아지는 효과는 있을 거야.

아이들은 곧바로 과학수사연구소로 양현상을 데리고 가서 뇌 지문 검사를 의뢰했다. 용의자에게 보여 주고 비교하기 위해 은주가 살해된 방의 사진과 은주의 시신을 버린 장소의 사진, 그리고 사건과 관련이 없는 다른 사진들을 함께 준비했다.

양현상에게 사진을 보여 주며 뇌파 검사를 한 결과, 사건과 관련된 사진을 볼 때 P300파가 급격히 증가하는 것을 확인할 수 있었다.

별이가 놀라며 말했다.

"정말 신기하다. 그럼 두 장소를 분명하게 기억하고 있다는 거네."

태양이가 말했다.

"입으로는 거짓을 말해도 뇌는 진실을 말하고 있는 거지."

어 형사가 양현상에게 뇌 지문 검사 결과를 내밀며 말했다.

"이거 보이죠? 사건과 관련된 사진을 봤을 때 뇌파가 반응했어요. 이래도 아니라고 할 거예요?"

양현상이 아까와는 다르게 잔뜩 긴장된 표정으로 고개를 숙였다. 어 형사가 버럭 소리를 질렀다.

"당신이 아무리 아니라고 해도 뇌는 당신의 범행을 똑똑히 기억하고 있다고요!"

김 반장도 양현상을 설득했다.

"그러지 말고 자백하는 게 좋을 겁니다. 어차피 나중에 법정에 가면 당신의 죄를 입증할 매우 결정적인 증거가 될 테니까요."

결국 양현상은 자신의 죄를 자백했다.

"집이 비어 있을 시간이라 들어갔어요. 게임비로 쓸 돈이 필요했거든요. 그런데 갑자기 은주가 나타난 거예요. 너무 당황해서 그만……."

한동네에 살며 은주네 집에 여러 차례 드나들었던 양현상은 은주가 항상 7시 반이나 되어야 집에 돌아오고, 그때까지 집이 비어 있는 걸 알고 있었던 것. 그래서 돈만 훔쳐서 나오려고 들어갔는데, 은주가 평소보다 일찍 돌아오는 바람에 예상치 못하게 도둑질하는 장면을 은주에게 들키게 된 것이었다. 그때 차라리 도망이라도 쳤으면 좋았을 것을, 폭력적인 성향과 상황에 대처하는 능력이 떨어지는 양현상은 순간적으로 씻을 수 없는 죄를 저지르고 만 것이었다.

"그런데 왜 시신을 가져갔죠?"

"일단 숨겨야겠다는 생각이 들었어요."

지난번 사건 때 쓰러진 할머니를 그냥 두고 가는 바람에 자신이 잡혔다고 생각했다는 것. 그래서 양현상은 곧바로 은주를 이불로 싼 뒤 사람의 발걸음이 없는 입산 금지 구역에 갖다 파묻은 것이었다. 그러고는 결국 도망쳐 숨은 곳이 게임방이라니, 정말 기가 막힌 일이다. 게다가 한 달 전 마을에서 갑자기 사라진 것도, 읍내에 나갔다가 우연히 게임방에 들렀고 이내 다시 게임 중독 증상이 나타났기 때문이라는 것이었다. 세 살 버릇 여든까지 간다는 말이 딱 맞다는 생각이 들었다.

## 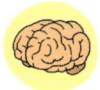 졸업여행을 마무리하다

결국 불쌍한 은주의 죽음은 양현상의 범행으로 밝혀졌다. 은혜를 원수로 갚은 것이 아니고 무엇이겠는가. 하나밖에 없는 어린 딸의 죽음에 아주머니는 몇 번이고 기절을 반복했다. 그런 모습을 지켜보는 아이들도 하염없이 눈물이 흘렀다.

다음 날, 은주의 부검 결과가 나왔다. 예상대로 급소를 맞고 그 자리에서 사망했다는 것. 왜 세상은 이렇게 어리고 착한 아이들에게까지 잔인한 것인지. 아이들은 너무나 슬펐다.

운동이는 동생 지은이가 생각나 더 슬펐다. 그래서 결심했다.

'세상의 나쁜 어른들을 모조리 잡아 아이들이 안심하고 행복하게 살 수 있는 세상을 만들 거야.'

이번 사건으로 운동이는 좀 더 확고한 꿈을 갖게 되었다. 졸업 후 국립형사학교에 진학하기로 한 것은 솔직히 특별한 목표 때문이 아니라, 그저 부모님 학비 걱정이라도 덜어 드려야겠다는 생각 때문이었다. 하지만 이제 확실히 깨달았다. 앞으로 자신이 무엇을 해야 하는지.

예상치 못한 사건으로 이틀을 지체한 아이들. 아침을 먹자마자 아이들은 다시 자전거에 올랐다. 그리고 힘차게 페달을 밟기 시작했다. 마치 혼탁한 세상, 나쁜 어른들에게 어떻게든 우리 힘으로 세상을 깨끗하

고 행복하게 만들겠다는 굳은 의지를 보여 주려는 것처럼.

그리고 그렇게 열심히 달린 끝에 결국 예정보다 하루 지체된 8박 9일 만에 목적지인 해남에 도착했다. 어느새 해가 뉘엿뉘엿 지고 있었고, 아이들은 모두 수리네 집으로 향했다.

그런데 아이들을 반기는 이 사람들은 누군가! 혜성, 요리, 달곰, 영재 선배가 아닌가! 후배들의 졸업여행 목적지가 해남인 것을 알고 모두 축하해 주기 위해 모인 것이었다.

"후배들, 고생 많았어!"

"여기서 보니까 더 반가운걸."

"우와, 저희 감동 먹었어요!"

아이들은 정말 반가웠다. 역시 선배들이 최고다.

다음 날 아침, 아이들은 모두 해돋이를 보기 위해 두륜산 고계봉 전망대에 올랐다. 그리고 붉게 떠오르는 해를 보며 새해 소원을 빌고 장래 희망을 빌었다. 또 더 나은 세상, 행복한 세상을 위해 열심히 살아갈 것을 다짐했다.

 ## 태양이가 들려주는 사건 해결의 열쇠

졸업여행 중 일어난 강도 살인 사건. 무죄를 주장하는 범인에게서 자백을 이끌어 낼 수 있었던 것은 뇌파와 뇌 지문 감식에 대해서 잘 알았기 때문이야.

### 💡 우리 몸에 흐르는 전기

모든 생물은 세포로 이루어져 있어. 그리고 세포의 안과 밖에는 여러 가지 무기 염류(나트륨, 칼슘, 인 등)가 이온(전하를 띤 입자)의 형태로 포함되어 있지.

그런데 생물이 생명 활동을 하거나 자극을 받으면, 세포막을 통해 이온들이 이동하는 현상이 일어나. 그러면 이온의 농도가 달라져서 세포막을 사이에 두고 한쪽은 음(-)으로, 다른 한쪽은 양(+)으로 대전돼. 이렇게 생물체 내에서 일어나는 전기 현상을 '생물 전기'라고 해. 그러니까 우리 몸도 전기를 만들어 내고 있는 거야.

그 가운데 심장 박동으로 인해 일어나는 활동전류를 '심전류'라고 하는데, 이것은 심전도라는 장치로 기록할 수 있어. 심전도는 심장의 건강 상태를 알아보는 데 쓰이지.

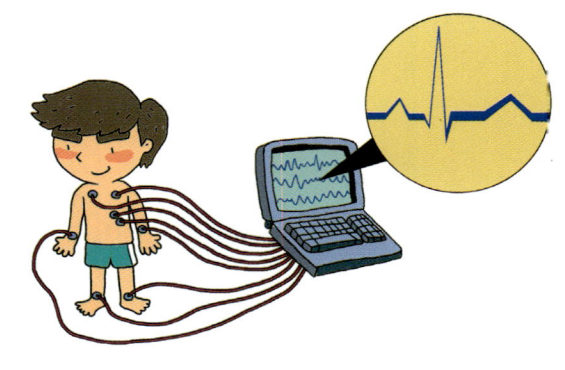

〈심전도 검사〉

## 💡 뇌파란?

사람의 뇌 속에 있는 신경 세포 역시 활동을 할 때 전류를 발생시켜. 이를 측정해서 기록해 놓은 것이 바로 '뇌파'야. 뇌파는 몸 상태에 따라 다르게 나타나기 때문에 뇌 건강 상태를 측정하는 데 많이 이용되고 있어.

뇌파는 보통 0.5~30Hz(헤르츠)의 주파수를 갖는데, 주파수에 따라 알파파($\alpha$), 베타파($\beta$), 세타파($\theta$), 감마파($\gamma$), 델타파($\delta$) 등으로 나누어져.

알파파는 눈을 감고 평온한 상태에 있을 때 나타나는 뇌파이고, 활동이 왕성하고 흥분된 상태에서는 베타파와 감마파 영역의 뇌파가 나타나. 또 명상 상태나 얕게 잠이 든 상태에서 꿈을 꿀 때는 세타파 영역의 뇌파가 관찰되고, 꿈을 꾸지 않는 깊은 수면 상태에서는 델타파의 뇌파가 관찰되지.

〈뇌파의 종류〉

## 💡 뇌 지문 감식이란?

뇌 지문 감식이란 뇌파를 이용해 용의자가 거짓말을 하고 있는지 아닌지를 분석하는 방법을 말해.

사람은 친숙한 소리나 냄새, 장소를 인지했을 때 뇌파의 진폭이 변하거든. 특히 뇌에 기억돼 있는 것과 관련된 장면이나 단어 등을 보여 주면, 특정 뇌파가 발생하지. 그 반응 속도가 300밀리미터초(0.3초)이기 때문에, P300이란 이름을 붙였어.

뇌 지문 탐지기는 피의자 머리에 10여 개의 미세전극이 내장된 덮개를 씌우고 뇌파 반응과 변화를 분석하여 거짓말 여부 등을 판별하는 새로운 범죄 수사 기기야.

뇌 지문 탐지기는 뇌파 반응이나 변화를 세밀히 분석해 내기 때문에 맥박과 혈압의 변화를 측정하는 거짓말 탐지기에 비해 정확도가 훨씬 높은 것으로 알려져 있어.

〈뇌 지문 탐지〉

### 💡 뇌 지문과 과학수사

뇌 지문을 연구하던 미국의 로렌스 파웰 박사는 권총 살인 사건으로 무기 징역을 선고받은 흑인 남성에게 사건 관련 사진과 그가 알리바이로 주장했던 음악 콘서트 사진을 보여 주고 뇌파를 측정했어.

그런데 사건 관련 사진을 보여 주었을 때는 P300파가 안 나왔는데, 음악 콘서트 사진을 보여 주자 P300파가 나왔지. 파웰 박사는 그것을 증거로 피의자의 무죄를 주장했어. 피의자는 불행히도 무죄 판결을 받진 못했지만, 그 후 미국에서는 뇌 지문을 상당히 중요한 증거물로 인정하게 되었지.

우리나라에서도 뇌 지문 탐지기의 활용이 늘어나고 있어. 2003년 보험금을 타려고 독극물로 친딸을 살해한 엄마가 뇌 지문 감식에 걸려 자신의 범행을 자백했지. 또 2009년 부산의 여중생 살인 사건의 범인에게 살해 추정 장소와 피해자 집의 안방 사진을 보여 줬더니, 격한 뇌파 반응을 보였어. 그래서 이를 바탕으로 계속 추궁한 결과, 범인의 자백을 얻는 데 성공했지.

그러니까 생각해 봐. 강도 살인을 저지른 용의자를 찾아냈는데, 용의자는 범행을 극구 부인하는 상황. 그래서 사건 현장 사진을 보여 주고 뇌파를 측정해 보니, P300이라는 특정 뇌파가 검출됐어. 이를 토대로 추궁한 결과, 마침내 범인의 자백을 받아 낼 수 있었지.

핵심 과학 원리 | 약물 중독 현상

# 사건 3
# 소설에서 답을 얻다

"무슨 사건인데요?"
"건국이라는 회사 알지? 어제 저녁 건국의 회장이 사망했는데, 회장 아들이 사장을 범인으로 고발했어."

## 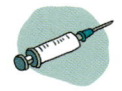 마지막 사건을 맡다

겨울 방학이 끝나고 어느새 2월 초. 봄이 오는 것을 시샘하듯 꽃샘추위가 맹위를 떨치고 있었지만, 학교 분위기는 후끈 달아올라 있었다.

왜냐하면 다음 주면 바로 그 끔찍하다는 졸업시험이 시작되기 때문이었다. 지금까지 배운 모든 과목을 시험 본다니, 결코 만만치가 않은 상황. 이제 정말 시간이 없다. 졸업시험에 떨어져 1년 유급을 당할 수는 없는 일이니, 열심히 공부하는 것만이 살길이었다.

그런데 점심 식사 후, 안 형사가 CSI 아이들을 따로 불렀다. 뭔가 심상치 않은 감을 잡은 아이들. 역시 예상대로였다.

"사건 의뢰가 들어왔어. 할 수 있겠니?"

졸업시험을 앞둔 중요한 시기임을 잘 알기에 아이들의 의사를 먼저 물어본 것이다.

"교장 쌤이 힘들면 하지 말라고 하셨어."

아이들은 고민이 됐다. 사건을 해결하다 보면 공부할 시간을 빼앗길 것은 불 보듯 뻔한 일. 어찌 고민이 되지 않겠는가. 철민이가 물었다.

"무슨 사건인데요?"

"건국이라는 회사 알지? 어제 저녁 건국의 회장이 사망했는데, 회장 아들이 사장을 범인으로 고발했어."

안 형사가 건국 회장의 사망 소식이 실린 신문을 보여 주며 말했다.

건국이라면 우리나라 30대 기업 안에 들 정도로 탄탄한 회사이다. 그런데 건국의 회장을 사장이 죽였다니, 이게 무슨 소리인가 싶었다. 태양이가 조심스럽게 친구들에게 말을 꺼냈다.

"난 해 보고 싶어. 어쩌면 마지막 사건일지도 모르니까."

태양이는 영재학교에 진학하기로 결정하고 벌써 입학 허가를 받아 놓은 상태. 그러니 어쩌면 형사로서 직접 사건을 해결할 수 있는 마지막 기회일 수도 있다.

그건 별이도 마찬가지였다. 부모님의 반대 탓에 몰래 기획사 오디션을 봤는데 결국 합격했고, 예술학교 입학시험에도 떡하니 붙었다. 부모님께 아직 말씀 드리지는 못했지만 별이는 생각 끝에 결심을 굳혔으니, 어쩌면 별이에게도 이번이 마지막 사건이 될 것이다.

"나도 해 보고 싶어."

별이가 동의하자, 철민이와 수리도 흔쾌히 하겠다고 나섰다. 그렇게 해서 아이들은 형사학교에서의 마지막 사건을 맡게 되었다.

안 형사와 아이들은 곧바로 강수산 회장의 아들, 즉 사건을 경찰에 고발한 강한길 부사장을 만나러 갔다. 강 부사장이 말했다.

"주치의 말에 의하면 사인은 심근경색이라는데, 아버지가 돌아가시기 바로 전에 박태진 사장이 아버지를 만나러 왔었대요. 게다가 비서인 최석훈 실장 말로는 방에서 고성이 오갔다는 겁니다."

그리고 박 사장이 나가고 30분쯤 후, 최 실장이 강 회장 방에 들어갔을 때는 이미 정신을 잃은 상태였다는 것. 그래서 곧바로 주치의를 불렀는데, 결국 병원으로 옮기던 중 사망했다는 것이었다.

심근경색이라면 심장 혈관이 막혀서 심장 전체나 일부분에 산소와 영양 공급이 중단되어 심장 근육 조직이나 세포가 죽게 되는 병. 안 형사가 물었다.

"평소 당뇨가 있거나 혈압이 높으셨나요?"

"나이 드시면 보통 그렇잖아요. 당뇨에 고혈압, 동맥경화증까지 있으셔서 꾸준히 치료를 받긴 했죠. 하지만 그렇게 갑자기 쓰러져 돌아가실 정도는 아니었어요."

박 사장이 회사를 노리고 일부러 강 회장을 쓰러지게 한 거라는 주장이었다.

안 형사와 아이들은 일단 주치의, 한상민을 만나 보기로 했다. 한상민은 순환기내과 전문의로 심혈관 질환 분야의 명의. 텔레비전에도 여러 번 출연할 정도로 꽤 유명한 의사였다. 한국대학병원에 있다가 개업한 지 2년 정도 됐는데, 강 회장과는 3년 전 대학병원에 있을 때 알게되어 그 후로 쭉 강 회장의 주치의를 맡아 왔다는 것.

안 형사는 한상민을 만나 강 회장의 사망 당시 상황을 물었다.

"최 실장 전화를 받고 5분 안에 도착했을 거예요. 마침 가까운 곳에 있었거든요. 그런데 제가 도착했을 때는 이미 위험한 상태였어요. 일단 응급조치를 하고, 막힌 혈관을 뚫어야 하기 때문에 병원으로 후송했는데, 가는 도중에 그만……."

심근경색으로 인해 심장이 갑자기 멈췄을 때는 재빨리 심폐소생술을 실시해야 하며, 최대한 빨리 막힌 혈관을 뚫어야만 살 수 있다.

"평소 지병이 있으셨다던데요?"

철민이가 물었다.

큰 충격을 받으신 것 같습니다.

"당뇨, 고혈압, 동맥경화증이 있으셨지만 꾸준히 관리를 받아 오셨기 때문에 크게 위험한 정도는 아니었어. 아무래도 뭔가 큰 충격을 받으셨던 것 같아."

강 부사장과 같은 대답이었다. 그렇다면 박 사장과의 고성이 오간 대화가 강 회장에게 큰 충격을 주었고, 그로 인해 심근경색이 일어나 사망했다는 것.

한 박사의 병원에서 나오며 별이가 의문을 제기했다.

"도대체 무슨 대화를 나눴기에 강 회장이 큰 충격을 받았을까?"

아이들도 그게 궁금했다. 태양이가 의견을 말했다.

"하지만 더 중요한 건 강 회장이 언제 쓰러졌느냐 하는 거야. 만약 박 사장과의 대화 도중에 강 회장이 쓰러졌는데도 박 사장이 그냥 나왔다면 그에게 책임이 있지 않을까?"

안 형사와 아이들은 박태진 사장을 만나러 건국의 본사로 향했다.

## 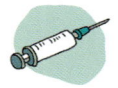 수상한 두 사건

본사 건물 10층 사장실에서 만난 박태진 사장. 그러잖아도 박 사장은 오전에 강 회장의 장례식장에 갔다가 강한길 부사장으로부터 고발 얘기를 들었단다.

"허참, 혼자 소리 지르고 화내다가 쓰러진 게 내 탓이라고요? 내가 방에서 나올 때까지는 아주 멀쩡했어요. 아무렇지도 않았다고요."

"그걸 어떻게 증명하시겠어요?"

안 형사가 물었다.

"최석훈 실장한테 확인해 보세요. 내가 회장실에서 나와 비서실 문을 열고 나갈 때까지 그 양반이 고래고래 고함치는 소리가 들렸으니까."

그렇다면 강 회장은 박 사장이 나가고 난 후에 쓰러졌다는 말. 수리가 물었다.

"그런데 무슨 일로 강 회장님과 다투신 거죠?"

"회사 일 때문이야. 내가 6개월 전부터 심혈을 기울여 추진한 프로젝트가 있는데, 어제 강 회장이 전면 취소 결정을 내렸어. 나를 회사에서 내치기 위한 술수인 거지."

그래서 그 일에 대해 의논하기 위해 강 회장을 만나러 갔었다는 것. 박 사장은 화를 누르고 프로젝트를 다시 추진할 수 있게 해 달라고 좋게 부탁을 했는데, 버럭 화를 낸 쪽은 강 회장이었다는 것이었다.

"자기 결정이 맘에 안 들면 당장 회사를 그만두라는 거야. 어찌나 속이 보이던지……. 나는 차분히 대화할 생각이었어. 그런데 강 회장이 먼저 펄펄 뛰며 소리를 질렀다니까."

강 부사장의 얘기와는 완전히 반대되는 주장. 도대체 누구 말이 맞는 걸까? 어쨌든 강 회장과 박 사장이 회사 일로 다툼이 있었던 것은 분명하다. 박 사장이 말을 이었다.

"딱 보니 자기 분에 못 이겨 쓰러진 거야. 그런데 내가 죽였다고 경찰에 고발까지 해? 기가 막혀서. 우리 아버지가 누구 때문에 돌아가셨는데……."

가만, 박 사장의 아버지라면 건국의 초대 회장인 박만식 회장이 아니던가. 그렇다면 박 회장이 강 회장 때문에 사망했다는 말인가? 눈치 빠른 별이가 물었다.

"방금 그게 무슨 말씀이시죠? 박만식 회장님이 누구 때문에 돌아가셨는데요?"

박 사장은 잠시 머뭇거리더니 대답했다.

"사실 우리 아버지께서 작년에 돌아가셨거든. 사망 원인은 뇌출혈이었지만 아버지와 강 회장이 다툰 바로 직후였지. 그러니 만약 이번 강 회장의 사망에 대한 책임이 나한테 있다면, 그래서 내가 벌을 받아야 한다면, 강 회장 역시 우리 아버지를 돌아가시게 한 범인이라고 할 수 있지. 안 그래?"

박 회장은 고혈압이 있었는데 그 당시 강 회장과 다툰 직후 뇌출혈을 일으켰고, 결국 병원으로 옮기던 중 사망했다는 것.

안 형사와 아이들은 뭔가 섬뜩한 느낌이 들었다. 1년 전 박 회장이 사망했을 때와 이번 강 회장이 사망했을 때의 상황이 똑같다는 게 마음에 걸렸다.

"뭔가 이상해요. 두 사람의 사망에 어떤 연관성이 있는 것 같아요."

별이가 그동안 키워 온 형사로서의 감으로 말했다. 안 형사도 마찬가지였다.

"마지막으로 최 실장 만나 보고 들어가자."

안 형사와 아이들은 장례식장으로 가서 쓰러진 강 회장을 처음 발견한 비서 최석훈 실장을 만났다.

"박 사장님이 나가신 후 30분쯤 지나 들어가 보니, 회장님이 쓰러져 계셨어요. 그래서 얼른 한 박사님께 전화를 드렸죠."

철민이가 의심스러운 눈초리로 물었다.

"박 사장이 나갈 때도 강 회장이 소리를 질렀다던데, 정말인가요?"

"응. 사실 그 전부터 계속 싸우는 소리가 들렸어."

그렇다면 박 사장의 말이 맞다. 쓰러진 강 회장을 방치해 사망에 이르게 한 것은 아닌 게 확실하다. 안 형사가 다시 물었다.

"그런데 왜 박 사장이 나간 후 바로 들어가 보지 않으셨죠?"

"화나셨을 때는 안 들어가는 게 상책이에요. 이것저것 막 날아오거든요. 게다가 부르지도 않았는데 들어가면 더 화내시죠."

강수산 회장의 성격이 꽤나 다혈질이었던 모양이다. 별이가 계속 물었다.

"그런데 30분 후에는 왜 들어가셨어요?"

"약 드실 시간이라서. 회장님이 싫어하셔도 가 봤어야 하는 건데. 그랬다면 이렇게 돌아가시지는 않으셨을 텐데……. 흑흑흑."

그러면서 눈물을 뚝뚝 흘리는 최석훈. 정말 후회막급인 표정이었다. 철민이가 물었다.

"왜 119에 신고하지 않고 한 박사님부터 부르셨죠?"

"한 박사님이 무슨 일 생기면 제일 먼저 전화하라고 하셨거든. 그래서 전화했더니, 바로 올 테니까 119에 신고하라고 하셔서 그때 신고했지. 강 부사장님께도 알리고."

그 후의 상황은 한 박사가 말한 대로였다. 5분 정도 후에 한 박사가 왔고, 심폐소생술을 실시하고 있던 중 구급차가 도착했다. 그래서 곧바로 병원으로 옮겼지만 사망했다는 것이었다. 별이가 물었다.

"처음 왔을 때 한 박사가 뭐라고 하던가요?"

"위험하다고. 너무 늦게 발견했다고."

그러자 태양이가 물었다.

"강 회장과 박 사장 사이에 어떤 대화가 오갔는지 들으셨어요?"

"언뜻 듣기로는 처음엔 프로젝트 취소된 것을 두고 다투는 것 같더니, 나중엔 40년 전 어쩌고저쩌고 하더라고. 그러더니 회장님이 소리를 지르기 시작하셨고, 박 사장님도 언성이 높아졌어. 곧이어 박 사장님이 잔뜩 화난 표정으로 방에서 나왔지. 그런데도 회장님이 계속 고래고래 소리를 지르셨어. 감히 누구한테 협박을 하느냐고."

안 형사가 얼른 물었다.

"협박이라니요? 박 사장이 강 회장에게 협박을 했다고요?"

"그건 잘 모르겠어요. 그런데 회장님이 그렇게 소리를 지르셨어요."

수리가 물었다.

"40년 전은 무슨 얘기예요?"

"나야 모르지. 여하튼 40년 전이라는 말이 나오니까 회장님의 언성이 높아지셨어."

그렇다면 그날 박 사장이 뭔가를 가지고 강 회장을 협박했다는 말. 그리고 그건 40년 전의 일과 관련이 있다. 도대체 40년 전에는 무슨 일이 있었던 것일까?

# 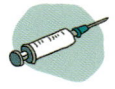 40년 전의 사건

안 형사와 아이들은 학교로 돌아왔다. 늦은 저녁을 먹고 다시 모이자, 안 형사가 말했다.

"조사해 보니까, 건국이 창립한 지 43년 됐는데, 처음 회사를 세운 사람은 강수산과 박만식이 아니었대."

철민이가 눈이 동그래져서 물었다.

"그럼 누가 세웠대요?"

"한창훈 사장이라고 있었대."

"그런데 어떻게 강 회장과 박 회장이 회사를 차지한 거죠?"

"한 사장이 40년 전 자살했대."

아이들은 모두 입이 떡 벌어졌다. 이건 완전 드라마 속에서나 나올 법한 일이 아닌가. 혹시 한창훈 사장을 몰아내고 회사를 차지하기 위해 박 회장과 강 회장이 과거에 뭔가 일을 벌인 것은 아닐까?

안 형사가 말했다.

"오늘은 시간이 늦었으니까 다들 쉬고, 내일 아침 일찍 경기도 화순에 가서 조사해 봐. 거기 건국의 화순 공장이 있는데, 43년 전에 처음 세워졌다고 하니까 뭔가 단서를 찾을 수 있을지도 몰라."

오래 전부터 꼭꼭 숨겨져 있던 사건의 비밀이 천천히 모습을 드러내는 느낌. 아이들은 왠지 긴장이 되었다.

다음 날, 아이들은 일찌감치 화순으로 향했고, 안 형사는 박태진 사장을 다시 찾아갔다. 그리고 40년 전 사건에 대해 묻자, 박 사장은 딱 잡아뗐다.

"난 강 회장한테 그런 얘기를 한 기억이 없는데요. 40년 전이면 내가 중학생 때인데 강 회장과 나 사이에 무슨 일이 있었겠어요?"

"강 회장에게 협박을 했다고 하던데 사실인가요?"

"최 실장이 그래요? 나 참, 협박은 무슨. 내가 프로젝트 포기 못한다고, 원상 복구해 놓지 않으면 가만히 있지 않겠다고 했더니 자기를 협박하는 거냐고 합디다."

딱 잡아떼는 모양새로 봐서 분명 뭔가 숨기고 있는 게 분명하다. 그게 뭘까? 안 형사는 강 부사장도 만나서 40년 전 일에 대해 물었지만 역시 자신은 아는 게 없다는 대답이었다.

한편, 화순 공장에 내려간 아이들은 그곳에서 오래 근무한 사람들 중에 40년 전 한창훈 사장 자살 사건을 기억하는 사람이 있는지 알아보았다. 하지만 그 당시 화순 공장에 있던 사람들은 이미 다 퇴직해 뿔뿔이 흩어져 살고 있다는 것. 그럼 그 사람들을 일일이 찾아가서 만나 봐야 한다는 말인가. 아이들은 막막했다. 그런데 바로 그때였다. 경비 아저씨가 아이들을 슬며시 불러 말했다.

"전에 여기서 경비로 일하던 분이 아직 이 근처에 살고 계시긴 한데."

알아낸 이름은 이순남. 아이들은 곧바로 이순남을 찾아갔다. 다행히 공장에서 10분 남짓 거리의 가까운 곳에 살고 있었다.

"40년 전? 아유, 그때 일을 어떻게 기억해? 난 다 잊어버렸어. 기억나는 거 하나도 없어."

유난히 부인하는 모습이 오히려 뭔가 있다는 느낌이 들었다. 철민이가 다그쳐 물었다.

"건국을 창립한 한창훈 사장이 40년 전 자살했다던데, 그때 경비로 일하셨으면서 정말 기억 안 나세요?"

그러자 이순남은 버럭 소리를 질렀다.

"기억 안 난다니까! 나 지금 바빠. 어서 가."

그러더니 문을 닫아 버리려는 것이었다. 별이가 슬쩍 말을 흘렸.

"할아버지, 혹시 신문 보셨어요? 어제 건국의 강수산 회장님이 돌아가셨는데."

그러자 깜짝 놀라는 이순남. 별이가 얼른 말을 이었다.

"아, 박만식 회장님도 1년 전 돌아가신 거 아시죠?"

이순남은 알고 있다는 듯 고개를 끄덕였다. 그러더니 이내 고개를 숙이고는 아무 말을 하지 않는 것이었다. 그렇게 한참을 망설이던 이순남은 무겁게 입을 열었다.

"휴, 아무래도 죽기 전에 마지막 남은 내 업보인가 보다. 그래, 말해 줄게. 사실 한창훈 사장은 자살한 게 아니야."

아이들은 깜짝 놀랐다. 수리가 물었다.

"그럼 누가 죽였다는 말이에요?"

이순남은 고개를 끄덕이며 대답했다.

"박만식이랑 강수산이 죽인 거야. 그 현장에 내가 있었어."

이순남은 놀라운 사실을 털어놓았다. 원래 건국을 설립한 사람은 한창훈 사장. 그런데 그 당시 상무였던 박만식과 경리부장이었던 강수산이 한 사장 몰래 회사 돈을 빼돌렸고, 그걸 알게 된 한 사장이 둘을 불러 나무라자 박만식이 한 사장을 죽였다는 것이었다.

"밤 9시 조금 넘은 시간이었지, 아마. 다들 퇴근하고 나는 야간 근무라 경비실에 있었어. 그런데 경비실 창문으로 보니, 한 사장이 3층 사장실 베란다에 나와서 담배를 피우고 있더라고. 그런데 갑자기 박만식이 뒤에서 나타나더니, 한 사장을 확 밀어 버리는 거야."

이순남이 깜짝 놀라 뛰어나갔으나 한창훈은 이미 커다란 정원석에 머리를 부딪쳐 그 자리에서 즉사했다는 것.

"내가 나온 걸 보고, 뒤이어 뛰어 내려온 박만식과 강수산이 협박을 하더라고. 그날 일에 대해 한마디라도 하면 가만두지 않겠다고. 내가 살고 볼 일이라 입을 다물 수밖에 없었어. 하지만 지금껏 누구한테 말도 못하고 가슴에 담고 사느라 평생 후회도 많이 했지."

깊은 한숨을 내쉬는 이순남.

"그런데 그 사건이 어떻게 자살로 결론지어진 거죠?"

"박만식이랑 강수산이 조작했지. 회사 돈을 한 사장이 빼돌렸고, 그 사실이 밝혀지자 스스로 뛰어내려 자살했다고. 내게 거짓 증언을 하라고 협박했는데 그건 도저히 못하겠다고 했더니, 현장에 내가 없었던 것으로 해 버리더라고."

어떻게 그런 일이 있을 수 있단 말인가. 태양이가 의견을 말했다.

"가만, 그렇다면 박태진 사장이 이 일에 대해 알게 됐고, 그걸 강 회장에게 말하자 충격을 받고 사망한 것이 아닐까?"

별이가 다시 이순남에게 물었다.

"혹시 이 일에 대해 알고 있는 사람이 또 있나요?"

"한 사장 아들이 알고 있을지도 몰라."

"한 사장한테 아들이 있어요?"

철민이가 깜짝 놀라 물었다.

"응. 당시 9살짜리 아들이 있었지. 한 사장 부인이 병으로 죽고 한 사장 혼자 키우고 있었거든. 그런데 좀 이상한 일이 있었어. 한 사장이 죽고 나서 회사 사람들이 집으로 아들을 찾으러 갔는데 없어졌다는 거야."

"없어졌다고요? 그럼 그 후로도 못 찾았어요?"

수리가 물었다.

"응. 회사 직원들이 다 나서서 온 동네를 찾아다녔는데, 결국 못 찾았어. 그래서 정말 이상하다 했었지. 그런데 한 20년 전이었을 거야. 웬 젊은이가 자신이 한 사장 아들이라면서 나를 찾아왔더라고."

"네? 한 사장 아들이 할아버지를 찾아왔다고요?"

별이가 놀라 물었다.

"그렇다니까. 그러더니 다짜고짜 '한 사장 사건, 자살이 아니죠?' 하고 묻더라고. 깜짝 놀랐지. 그래서 어떻게 알았냐고 했더니, 자기가 직접 봤다는 거야."

"봤다고요? 그 현장을요?"

"그래. 자기 기억이 확실한지 확인하러 왔대. 그러면서 범인이 강수산이랑 박만식이 맞느냐고 묻기에 그렇다고 했지."

"그 사람 이름이 뭐래요? 혹시 기억나세요?"

태양이가 묻자 이순남은 고개를 저었다.

"아니, 이름은 얘기 안 했어."

다행히 청년은 아주 잘 자란 듯 보였고, 그 후로 다시는 나타나지 않았다는 것.

한 사장의 아들이 현장을 목격했고 범인이 누구인지 알고 있다면, 왜 이제껏 경찰에 신고하지 않은 것일까? 공소시효가 끝났기 때문이었을까? 아니, 정말 그 사람이 한 사장의 아들이었을까? 그렇다면, 혹시 그 사람이 이번 사건의 열쇠를 쥐고 있는 것은 아닐까?

파고 들어갈수록 놀라운 사실들이 속속 드러나는 사건. 아이들은 점점 꼬리에 꼬리를 무는 의문이 생겼다.

## 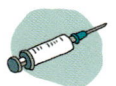 비밀의 실체를 밝히다

서울로 올라온 아이들은 곧바로 박태진 사장을 찾아갔다. 40년 전 사건의 증인이 나타났다는 얘기를 듣자, 박 사장은 할 수 없이 털어놓기 시작했다.

"당시에는 그 사건에 대해 전혀 몰랐었어. 서울에서 중학교를 다니고 있었거든. 그런데 얼마 전 누군가 택배를 보내온 거야. 열어 봤더니, 그 안에 USB와 편지가 있더라고."

그러면서 작은 USB와 편지 한 장을 내밀었다. 아이들은 먼저 편지를 봤다.

1년 전 당신 아버지를 죽게 한 사람은 강수산입니다.
강수산이 이 파일을 당신 아버지에게 들려주었고,
그 때문에 충격을 받아 사망한 것입니다.

수리가 얼른 USB에 저장된 파일을 실행시켰다. 음성 파일이었다.

"40년 전 한창훈 사장 자살 사건. 사실은 자살이 아니었죠?"

"어, 그걸 어떻게 알고 있어?"

"제가 직접 봤어요. 그날 현장에서. 범인은 박만식. 3층 사장실 베란다에서 한 사장을 밀었어요. 강수산은 범행을 공모하고 자살로 은폐한 공범이고요. 맞죠?"

"그래. 맞아. 흑흑흑."

가만, 이건 혹시! 아이들은 서로 눈빛을 주고받았다. 조금 젊은 목소리이긴 했지만 어쨌든 아까 만나고 온 이순남의 목소리가 분명했다. 그렇다면 다른 한 사람은 바로 한 사장의 아들? 그럼 그가 직접 박 사장에게 편지와 파일을 보냈단 말인가?

박 사장이 말했다.

"이걸 받고 나서 처음엔 그냥 덮으려고 했어. 이게 사실이라면 우리 아버지도 살인자가 되는 거니까. 그런데 강 회장이 자꾸 나를 회사에서 몰아내려고 계략을 꾸미고, 프로젝트까지 취소시키는 걸 보니 더 이상 못 참겠더라고. 여하튼 우리 아버지를 죽게 한 사람은 강 회장이잖아. 그래서 회장 자리를 내놓지 않으면 이 자료를 공개하겠다고 했지."

그랬더니 강 회장이 매우 흥분하여 고함을 치더라는 것.

"하지만 정말 그렇게 쓰러질 줄은 몰랐어. 그 소식 듣고 나니까 섬뜩해지더라고. 혹시 누군가 우리 아버지와 강 회장한테 복수를 하고 있는 건 아닐까 하고. 가만, 그럼 정말 한 사장 아들이……?"

박 사장은 두려운 듯 몸을 떨었다. 자신도 모르게 한 사장 아들의 복수에 끼어들었을지 모른다는 생각에 소름이 끼친 듯했다.

그렇다면 이제 할 일은 한창훈 사장의 아들을 찾아보는 것. 아이들은 학교로 돌아와 과학수사연구소에 음성 파일의 목소리를 분석해 달라고 의뢰했다. 아이들에게 수사 상황을 보고받은 안 형사가 물었다.

"한 사장 아들의 신원은 아직 파악 못했고?"

"네. 여하튼 40년 전 사라진 한 사장의 아들이 살아 있고, 아버지의 죽음에 대한 진실을 알고 있는 게 분명해요. 혹시 그가 박만식과 강수산에게 복수를 한 건 아닐까요?"

별이가 말했다. 그러자 수리가 의견을 덧붙였다.

"어쩌면 아주 가까이 있는 인물일 수도 있어요. 그때 9살이었다니까 지금은 49세겠네요. 그리고 성은 한 씨일 테고……."

순간, 태양이는 번쩍 떠오르는 사람이 있었다.

"주치의 한상민! 성이 한 씨예요. 나이도 그쯤 되고요."

다들 눈이 동그래졌다. 별이가 말했다.

"가만, 한상민이라면 강 회장이랑 박 회장이 사망할 당시 현장에 있었던 사람이잖아. 뭔가 의심스러운데."

수리도 동의하고 나섰다.

"내 생각도 그래. 그리고 두 사람 다 비슷한 증세로 사망한 것도 우연치고는 좀 걸리는 부분이고."

별이가 추리했다.

"한상민이 두 사람에게 복수를 하기 위해 의도적으로 접근했고, 주치의로서 두 사람의 건강 상태를 돌보는 척하다가 충격을 주어 사망에 이르게 한다? 와, 정말 놀라운걸."

그러자 철민이가 의문을 제기했다.

"하지만 두 사람 다 지병을 갖고 있었고, 그것 때문에 사망한 거잖아. 뇌출혈이나 심근경색이 의도대로 일어나는 것도 아니고, 아무리 자신들의 지난 범죄가 드러나는 충격적인 말을 들었더라도 꼭 쓰러지라는 법은 없어. 아니, 쓰러졌다 하더라도 꼭 사망한다는 보장은 없지. 그런 식으로 복수를 계획하는 건 좀 말이 안 되는 것 같아."

그때 안 형사가 말했다.

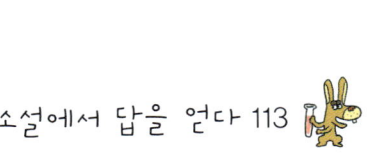

> **심혈관계 질환이란?**
>
> 주로 심장과 주요 동맥에 발생하는 병을 말해. 심장병은 심장 근육, 심장 혈관, 판막 등 심장의 각 부분에 생기는 병이고, 혈관계 질환은 주요 동맥이 막히거나 늘어나거나 출혈이 일어나는 병을 말하지. 동맥경화증, 고혈압, 유전 질환 등이 주된 원인이야. 고혈압은 혈압의 평균치에서 수축기 혈압 140mmHg(밀리미터에이치지) 이상이거나 확장기 혈압 90mmHg 이상인 경우를 말해. 또 동맥경화증은 혈관에 기름이 끼고 혈관 벽이 딱딱해지는 병이지.

"우리가 놓친 게 있어."

아이들의 시선이 모두 안 형사에게 쏠렸다.

"둘 다 한상민 박사의 진단 결과잖아. 그밖에 사망 원인을 알아내기 위한 검사는 아무것도 하지 않았어. 사망 원인이 진짜 뇌출혈과 심근경색이었는지는 아무도 모르지."

그렇다. 박만식 회장은 뇌출혈로, 강수산 회장은 심근경색으로 사망했다는 말은 주치의 한 박사의 주장. 따로 검사를 해 보거나 부검을 하지 않았으니, 정말 그것이 정확한 사망 원인인지는 알 수가 없다. 하지만 박 회장은 사망한 지 이미 1년이 지났고, 강 회장도 확실한 증거 없이 섣불리 부검을 할 수는 없는 일.

태양이가 의견을 냈다.

"그럼 일단 한 박사의 목소리를 녹음해서 음성 파일의 목소리랑 비교해 보면 어떨까요?"

하지만 안 형사는 고개를 저었다.

"우리가 생각하는 쪽으로 결과가 나오더라도 워낙 오래 전 목소리라서 증거 채택이 어려울 수 있어. 좀 더 명확한 증거가 필요해. 일단 난 한상민에 대해서 더 조사해 볼 테니까 너희들은 강 회장과 박 회장 가족을 찾아가서 한상민이 어떻게 두 사람의 주치의가 됐는지, 또 각각의 사건 당일 수상한 점은 없었는지 조사해 봐."

베일에 싸여 있는 한창훈 사장 아들의 정체. 그리고 여러 가지 정황상 의심 가는 인물인 한상민 박사. 과연 한상민이 진짜 범인일까? 만약 그렇다면 한상민은 그들의 죽음을 어떻게 조종할 수 있었을까?

수리와 별이는 강한길 부사장을 만나 편지와 음성 파일에 관한 이야기를 했다. 깜짝 놀라는 강 부사장.

"뭐라고? 우, 우리 아버지랑 박 회장님이 사, 살인을 했다고?"

믿을 수 없다는 표정.

"목격자가 있어요. 정말 모르셨나요?"

"몰랐어. 정말 몰랐어. 40년 전이라면 내가 6살 때였네. 가만, 그런데 아버지가 그 음성 파일 때문에 박 회장님이랑 싸우다가 박 회장님이 돌아가셨단 말이야?"

"편지에는 그렇게 쓰여 있었어요. 확인해 봐야겠지만요."

별이의 대답에 강 부사장은 부르르 떨며 물었다.

"그럼 정말 한창훈 사장의 아들이 지금 우리한테 복수를 하고 있다는 거야? 누구야? 도대체 그 아들이 누구야?"

수리가 강 부사장을 진정시키며 물었다.

"혹시 어렸을 때 본 기억은 없나요?"

"없어. 아니, 잘 모르겠어. 전혀 기억이 안 나."

별이가 물었다.

"한 가지 더 여쭤 볼게요. 한상민 박사가 어떻게 강 회장님의 주치의가 됐는지 아시나요?"

순간, 완전 사색이 되어 묻는 강 부사장.

"한 박사? 가만, 혹시 한 박사가 한창훈 사장 아들이야?"

"아직 밝혀진 건 없어요. 일단 사라진 한 사장의 아들과 나이가 같고, 성도 같다는 것밖에는요."

강 부사장은 혼란스러운 표정으로 대답했다.

"나도 정확하게는 몰라. 아버지가 그전에는 한국대학병원에서 주로 진찰을 받으셨는데, 3년 전 아주 좋은 의사를 만났다면서 주치의를 맡겨야겠다고 하시더라고. 마침 그 의사가 집 근처에 개인 병원을 낸다고 하시면서. 가만, 그럼 한 박사가 의도적으로 아버지께 접근한 거 아냐?"

그럴 수도 있다. 별이가 다시 물었다.

"한상민 박사에 대해서 아는 거 있으세요?"

"아버지 주치의니까 오다가다 몇 번 만났지. 나중에 알고 보니, 꽤 유명한 의사더라고. 아버지도 아주 만족해 하셨어. 잠을 잘 못 주무셨는데 한 박사가 와서 비타민 정맥 주사를 놔 주면 잠이 잘 온다고. 그렇게 한숨 푹 자면 몸이 훨씬 가볍고 기운이 난다고, 대단한 명의라고 하셨지. 내가 보기에도 사람이 싹싹하고 아버지한테 잘하더라고."
"사건 당일 이상했던 점은 없었나요?"
수리가 물었다.
"글쎄, 잘 모르겠어. 내가 최 실장 전화를 받고 도착했을 때는 막 구급차가 떠나려고 할 때였어. 아버지 옆에 한 박사가 타고 있었고, 난 내 차로 뒤따라갔지. 그런데 한 5분쯤 갔을까? 한 박사가 전화를 걸었더라고. 돌아가셨다고……."
한편, 박만식 회장의 부인을 찾아간 태양이와 철민이.
"한 박사는 3년 전에 강 회장님이 추천해서 주치의로 모셨지. 그런데 한 박사한테 진찰 받고부터는 잠도 잘 오고 아주 기운이 펄펄 나신다는 거야."
철민이는 귀에 거슬리는 말이 있었다.
"한 박사한테 진찰 받고 나면 기운이 펄펄 난다고 하셨다고요?"
"그래. 회장님이 피곤하거나 몸이 안 좋다고 하면 한 박사가 비타민 주사를 놔 주더라고. 그런데 그게 그렇게 효과가 좋다는 거야. 회장님이 하도 좋다고 해서 나도 맞아 봤는데 난 잘 모르겠더라고. 그래서 회장님하고 잘 맞는 약인가 보다 했지. 돌아가시기 전에는 일주일에 한두 번씩은 꼭 맞았어. 안 맞으면 우울하고 기운이 없다고 그러셔서."
"그럼 그 주사를 맞는 횟수가 점점 늘었다는 건가요?"

"그랬지."

순간, 철민이는 번쩍 떠오르는 것이 있었다.

"혹시 약물 중독 아닐까?"

태양이가 놀라며 물었다.

"약물 중독? 비타민 주사도 중독이 돼?"

"아니. 하지만 비타민 주사라니까 그런 줄 알았겠지. 그 주사에 뭘 넣었는지는 한상민만 아는 거잖아. 사실 의약품 중에서도 중독을 일으킬 만한 것들이 상당히 많아. 마약처럼 맞으면 정신이 혼미해지거나 붕 뜬 기분이 들고, 자꾸 맞는 횟수를 늘리게 돼. 그러다 결국 안 맞고는 참을 수 없게 되면 바로 약물 중독에 빠진 거지."

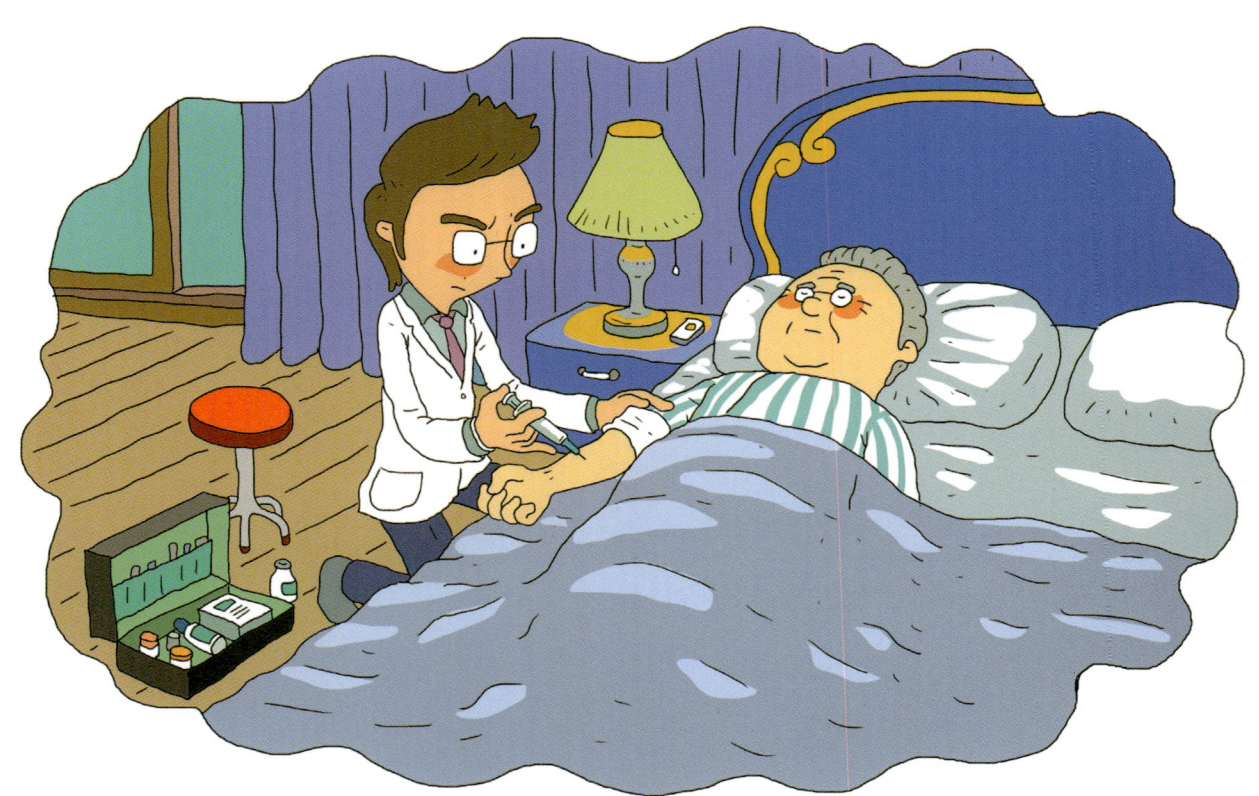

철민이의 말에 박 회장의 부인은 깜짝 놀랐다.

"어머나, 우리 회장님이 돌아가시기 전에 그러셨어. 이틀이 멀다 하고 한 박사를 부르라고 하셨거든."

그렇다면 정말 약물 중독에 의한 사망이란 말인가?

아이들은 다시 학교에 모였다. 서로 조사한 내용을 공유하고, 안 형사는 음성 파일 분석 결과를 말해 주었다.

"이순남 목소리가 맞대."

그렇다면 또 다른 목소리는 한상민? 안 형사는 한상민에 대해 조사한 결과를 말해 주었다.

"고아래. 9살 때 서울역에서 울고 있는 것을 누군가 경찰서에 데려다 줬는데, 자기 이름도 기억 못했대."

"그럼 정말 한 사장 아들일 수도 있겠네요. 현장을 목격하고 충격을 받아 기억을 잃고 헤맨 것 아닐까요?"

철민이의 말에 수리가 물었다.

"그러다 나중에 기억이 되돌아온 거라고?"

"그래. 그래서 현장에 있었던 이순남을 찾아가 확인한 거지."

철민이의 추리에 아이들은 고개를 끄덕였다. 태양이가 말했다.

"그런데 한상민이 한 사장 아들이라는 게 밝혀져도 그가 강수산과 박만식을 살해했다는 것을 증명할 방법이 없어."

그러자 철민이는 번쩍 생각나는 게 있었다.

"두 사람 다 한상민이 주사를 놔 주면 푹 잤다고 했지? 혹시 수면마취제 중 하나가 아니었을까? 가만, 프로포폴!"

별이가 물었다.

"프로포폴이 뭐야?"

"정맥에 놓는 마취제야. 수술할 때 전신 마취를 하거나, 수면내시경을 할 때 사용하지. 프로포폴은 중추신경을 빠르게 억제해서 통증을 없애 줄 뿐만 아니라 불면증과 피로감을 없애 주지. 또 불안감이 사라져 기분을 좋아지게 하고, 환각을 일으키는 효과도 있어서 환각제 대용으로 사용되기도 해."

태양이가 생각나는 듯 말했다.

"혹시 마이클 잭슨의 사망 원인이 됐던 바로 그 약 아니야?"

"맞아. 마이클 잭슨도 프로포폴을 수면제로 계속 사용하다가 중독이 됐고, 결국 과다 투약으로 인한 급성심장마비로 사망했지."

수리가 물었다.

"하지만 두 사람이 쓰러진 후에 한상민이 왔잖아?"

철민이가 잠시 골똘히 생각하더니 대답했다.

"내 생각엔 응급처치를 한다고 하면서 프로포폴을 과다 투약한 것 같아. 프로포폴을 과다 투약하면 급성 심근경색이나 호흡 곤란, 혈압 저하 등을 일으키거든. 평소 심혈관 계통의 질환을 앓고 있었던 두 사람에게는 사망 원인으로 둘러대기 좋았을 거야."

### 수면내시경이란?

내시경이란 목구멍, 식도, 위, 십이지장, 대장 등 장기의 내부를 직접 볼 수 있게 만든 의료기구야. 관을 직접 환자의 장기 안에 넣어서 장기의 질환을 진단하지. 그렇기 때문에 환자는 고통·두려움·불쾌감·구토 등의 증상을 일으킬 수 있어. 그래서 이러한 고통과 두려움을 줄이고, 검사 때의 불쾌한 기억을 없애기 위해 개발된 것이 바로 수면내시경이야. 환자에게 진정제를 투여해 수면 작용과 기억 상실을 유도한 뒤 몽롱한 상태에서 검사를 받게 하는 것이지.

안 형사가 말했다.

"중독이 됐으면 몸에 축적되어 있겠지. 일단 강 회장의 머리카락을 채취해서 확인해 봐."

아이들의 추리대로 강 회장이 약물 중독 상태였음이 밝혀진다면, 이는 분명 한상민의 계획된 범행이다.

## 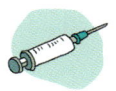 소설에서 답을 얻다

그런데 바로 그때, 수리는 번쩍 떠오르는 게 있었다.

"그리고 보니 이 사건 말이야, 인터넷에서 본 소설이랑 너무 비슷해."

"무슨 소설?"

별이가 물었다.

"제목이 '집행자'라는 소설인데, 과거에 아버지가 살해당하는 장면을 목격한 아들이 의사가 되어 범인들에게 차례로 복수를 하는 내용이야. 그 소설에 나온 약물이 바로 프로포폴이었어."

"정말이야?"

깜짝 놀라는 아이들. 수리가 자신의 의견을 말했다.

"혹시 그 소설, 한상민이 쓴 거 아닐까? 소설을 읽는 내내 소설가가 상당한 수준의 의학 지식을 가지고 있다는 생각이 들었거든."

안 형사가 수리에게 말했다.

"그 소설 쓴 사람이 누군지 알아봐."

곧바로 수리는 '집행자'를 쓴 히포크라테스라는 필명의 작가가 누군지 알아봤다. 짐작대로 그는 한상민이었다. 그럼 진짜 그가 범인이란 말인가!

안 형사가 명령했다.

"별이랑 수리는 나랑 같이 한상민을 연행하러 출동하고, 철민이랑 태양이는 병원에 가서 강 회장 머리카락 채취해서 약물 검사 의뢰해."

"네!"

태양이와 철민이는 유족의 허락을 받아 강 회장의 머리카락을 채취, 과학수사연구소에 넘겼다. 안 형사와 별이, 수리는 한상민을 체포하기 위해 병원으로 갔다. 그런데 시간이 늦어서 병원은 문을 닫은 상태. 한상민은 휴대전화도 안 받고, 집에도 없고, 행방이 묘연했다. 벌써 도망간 것 아닐까?

"휴대전화 위치 추적해 봐."

안 형사의 명령에 별이가 알아보니, 6시 31분 그의 병원이 최종 위치였다. 그때 수리가 무언가 떠오른 듯 깜짝 놀라며 말했다.

"가만! 혹시 자살하려는 거 아닐까요? 소설의 마지막에 의사는 복수를 마치고 자살하거든요."

이런, 큰일이다. 곧바로 전국에 수배령이 내려졌다. 한상민은 정말 복수를 마치고 자살을 하려고 하는 것일까?

그사이 강 회장 머리카락 검사 결과가 나왔는데, 예상대로 프로포폴 중독이라는 것.

아이들의 추리가 맞았다. 한상민 박사가 바로 죽은 한창훈 사장의 아들이고, 그가 쓴 소설대로 아버지를 죽인 사람들에게 복수를 한 것이었다.

간호사들에게 한상민이 갈 만한 곳을 물었으나, 누구도 알지 못했다. 결혼도 안 하고 혼자 살았으며, 간호사들에게도 이제껏 개인적인 얘기는 한마디도 하지 않았다는 것.

벌써 시간은 한밤중. 그런데 바로 그때였다. 강원도의 한 고속도로에서 차 한 대가 낭떠러지로 추락했다는 사고가 경찰에 접수되었다. 운전자는 중상을 입어 인근 병원으로 옮겨졌는데, 그의 이름이 한상민이라는 것. 결국 그는 자신이 쓴 소설대로 자살을 하려고 한 것이었다. 다행히 생명에는 지장이 없다니, 아이들은 안도의 숨을 내쉬었다.

수리는 한상민이 소설 속에서 한 말이 문득 생각났다.

'살아도 사는 게 아닌 삶. 나는 언제까지 이렇게 살아야 하는 것일까?'

아버지의 억울한 죽음과 그로 인해 고아로 살 수밖에 없었던 자신의 비참한 삶. 복수하고 싶었을 것이다. 그리고 그는 자신의 범죄를 미리 예고한 소설의 마지막 구절에 이렇게 썼다.

'누군가 내가 이 세상에 왔다 갔다는 것을, 내가 어떤 삶을 살았는지를, 내가 얼마나 억울했는지를 기억해 줄까?'

왜 그가 소설을 썼는지, 수리는 이해가 갔다. 한없이 외로웠을 삶, 그리고 끊임없이 선과 악의 경계에서 고민했을 자신의 이야기를 누군가가 들어 주고 기억해 줬으면 하는 바람이었을 것이다.

하지만 복수를 위해 살인범이 되어 버린 한상민의 선택이 과연 옳은 것이었을까? 도대체 무엇을 위한 복수란 말인가? 수리는 마음이 아팠다.

## 철민이가 들려주는 사건 해결의 열쇠

우연의 일치로 보기에는 미심쩍었던 박 회장과 강 회장의 사망 당시 상황의 공통점. 두 사건이 계획적인 복수극이었다는 것을 알아낸 것은 바로 약물 중독과 프로포폴에 대해서 잘 알았기 때문이지.

### 💡 약물 중독이란?

중독이란 어떤 것에 심리적, 또는 신체적으로 과도하게 의지하는 증상을 보이는 것을 말해. 몸에 해를 미치는 물질에 의한 신체 증상인 약물 중독, 알코올이나 마약과 같은 약물 남용에 의한 정신적인 중독을 동시에 일컫는 말이지.

그중 약물 중독은 약 또는 독이 입을 통한 섭취나 호흡으로 인한 흡입, 피부를 통한 흡수, 주사 등의 형태로 인체에 들어와서 건강에 해로운 영향을 미치는 상태를 말해. 약물을 섭취한 후 자꾸 찾게 되고, 점차 약물 없이는 살 수 없는 상태가 되는 것이 바로 약물 중독이라 할 수 있지.

### 💡 중독되는 약물들

우리가 흔히 중독을 일으킨다고 알고 있는 것에는 마약, 알코올 등이 있

〈약물 중독 현상〉

지만, 치료를 목적으로 쓰는 약물 중에도 중독을 일으키는 것들이 많아.

그 가운데 프로포폴은 흔히 수면마취제로 쓰이는 정맥마취제야. 수술 시 전신마취를 하거나, 인공호흡 중인 중환자의 진정을 위해서도 쓰이지. 또 수면내시경을 할 때 수면 유도제로 사용되기도 해.

프로포폴은 중추신경을 빠르게 억제해 통증을 없애 주는 효과가 있지. 하지만 무호흡과 혈압이 낮아지는 현상을 비롯해, 두통, 어지러움, 복부나 기관지 경련, 구토, 흥분, 착란 증상 등의 부작용이 나타날 수 있어. 그러나 불면증을 없애고 피로를 해소할 뿐 아니라 불안감이 사라지고 환각을 일으키는 효과도 있어서 환각제 대용으로 잘못 사용되는 경우도 많아. 그래서 2011년 우리나라는 세계에서 최초로 프로포폴을 마약류로 지정했지.

케타민 역시 수술을 위한 마취 유도와 유지 그리고 통증을 줄이는 데 쓰이는 전신마취제야. 가벼운 두통과 졸림, 혈압 상승, 시야가 흐려지거나 환각을 일으키는 부작용이 발생할 수 있지.

그 외에도 모르핀, 암페타민 등 약물로도 쓰이지만 남용하면 중독을 일으키는 약물들은 아주 많아.

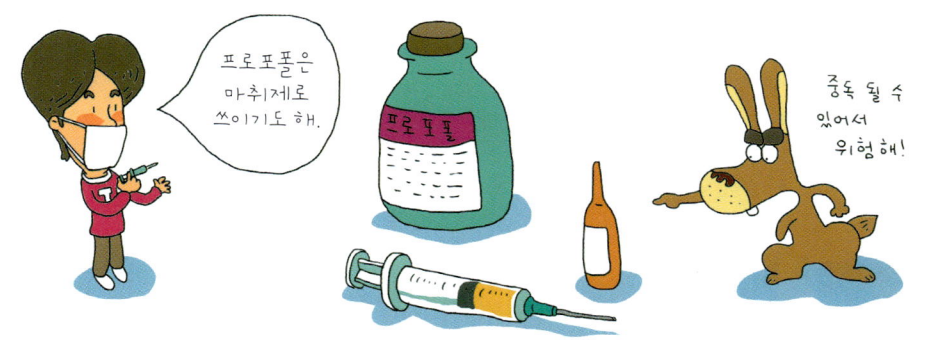

〈중독되는 약물들〉

## 💡 약물 중독 검사 방법

과학수사연구소 화학분석반에서는 현장이나 시신에서 채취한 증거물에 약물이나 독극물이 들어 있는지를 알아보는 검사를 해.

시료는 보통 소변이나 혈액, 머리카락을 이용하지. 그중 소변은 15일이 지나면 증거가 사라지는데, 머리카락에 축적된 약물은 시간이 지나도 사라지지 않아. 그래서 머리카락을 분석하면 몇 개월 전에 어떤 약물을 복용했는지까지 자세히 알 수 있어.

시료를 분석하는 과정은 크게 두 단계로 나뉘어. 우선 시료 속에 들어 있는 모든 물질을 따로 분리해야 돼. 대개 크로마토그래피를 이용해 분리하지. 물질의 종류에 따라 이동하는 속도가 다르기 때문에 성분별로 분리가 일어나게 할 수 있어. 그런 다음, 분리된 각각의 물질을 이전에 알려진 물질과 비교해 무엇인지 알아내지.

이때는 보통 질량분석기를 이용해. 크로마토그래피 장비의 관 끝에 도착한 화학 물질들은 질량분석기로 들어가게 돼. 그리고 높은 에너지를 가진 전자들을 쏘아 화학 물질을 분해하지. 화학 물질이 분해되는 방식은 종류에 따라 제각각 다르기 때문에 그것을 보고 이미 알려진 물질의 분해 방식과 비교하는 거야. 그러면 어떤 물질인지 알아낼 수가 있지.

## 💡 약물 중독 사건들

최근에는 약물 중독에 의한 사망 사건이 많이 발생하고 있어.

2009년 6월, 세계적인 팝스타 마이클 잭슨이 자택에서 숨진 채 발견됐어. 조사 결과 그는 오랜 기간 수면마취제인 프로포폴을 사용해 왔고, 약물 중독 상태였지. 결국 프로포폴 과다 투약으로 인해 심장마비를 일으켜 사망

하고 말았어. 그의 주치의는 과실치사로 유죄를 선고받았지.

또 얼마 전 사망한 미국의 유명 가수 휘트니 휴스턴의 사인도 심장마비의 일종인 심장동맥경화로 인해 욕조에 넘어진 뒤 익사한 것으로 밝혀졌어. 심장동맥경화는 코카인이라는 약물 복용에서 비롯된 것으로 분석됐지. 코카인 중독은 심장근육을 크게 약화시키는 것으로 알려져 있어.

우리나라에서도 약물을 쉽게 접할 수 있는 의사나 간호사뿐 아니라 일반인까지도 프로포폴 같은 수면마취제나 환각을 일으키는 약품들을 마약 대신 사용하다 체포되는 경우가 종종 있어. 약물 사용은 심각한 범죄일 뿐 아니라, 중독에 이르면 건강을 해치고 사망에 이를 수 있으니 절대 가까이 해서는 안 돼.

그러니까 생각해 봐. 갑자기 쓰러져 사망한 두 사람. 그 원인을 찾던 중 약물 중독을 의심하게 됐고, 머리카락을 검사한 결과, 프로포폴 중독임을 밝혀내 범인을 찾을 수 있었지.

핵심 과학 원리 | 조륙운동

# 답안지 도난 사건

"큰일 났어! 너희들 시험 답안지가 없어졌어."
"뭐라고요?"
아이들이 동시에 소리를 질렀다.

##  졸업시험을 치르다

얼마 전 졸업여행에서 만났을 때, 선배들은 아이들에게 졸업시험을 잘 보는 요령을 가르쳐 줬다. 혜성이가 말했다.

"일단 체력을 잘 나눠서 써야 돼. 잘 보겠다는 욕심에 첫날부터 너무 무리하면 마지막 시험을 망치거든."

달곰이가 끼어들었다.

"내가 딱 그랬잖아. 첫째 날, 둘째 날까지 미련하게 밤 꼬박 새우고 공부했다가 셋째 날은 머리가 좀 아프더니 마지막 날은 완전 몽롱한 상태였다니까."

요리도 말했다.

"한 과목이라도 낙제하면 안 되는 거 알지? 남은 기간 동안 일단 부족한 과목부터 보충해."

태양이가 물었다.

"혹시 시험 족보 같은 건 없어요?"

영재가 대답했다.

"그런 거 없어. 시험 끝나면 시험지 다 걷어 가거든. 게다가 워낙 과목이 많아서 끝나고 나면 뭐 나왔는지 하나도 기억이 안 나더라고."

"그래도 생각나는 것 있으면 좀 가르쳐 주세요."

원소가 애원하듯 말하자, 다른 아이들도 애교를 부렸다.

"선배님~"

"소용없어. 완전 다르게 낼 거니까."

어 형사였다. 또 어느새 와서 들었단 말인가. 낮말은 새가 듣고 밤말은 쥐가 듣는다더니, 형사학교에서는 낮과 밤 할 것 없이 모든 말은 어 형사가 듣는다. 결국 시험 족보를 얻는 것은 어 형사의 방해로 물거품이 되어 버렸다.

하지만 그래도 선배들이 과목별로 마지막 정리하는 요령을 상세히 가르쳐 준 덕분에 아이들은 남은 기간 동안 훨씬 효율적으로 공부를 할 수 있었다.

드디어 졸업시험이 시작됐다. 선배들 말대로 가장 힘든 건 하루에 8시간씩 4일 내내 시험을 보는 것이었다. 한 과목이라도 낙제하면 안 되기 때문에 어떻게든 각자 부족한 과목에 더 많은 노력을 쏟아 시험을 치렀다. 그렇게 나흘간에 걸친 졸업시험이 끝났다.

시험이 끝나자 철민이가 제일 먼저 투덜거렸다.

"달곰 선배 말이 딱 맞았어. 초반에 너무 무리했나 봐. 나 오늘은 완전 몽롱한 상태였다니까."

그러자 운동이도 말했다.

"나도 마지막 시간에는 정말 아무 생각도 안 나더라고."

"딱 한 번만 더 보면 정말 잘 볼 수 있을 것 같은데……. 다시 보면 안 될까?"

　철민이의 말에 수리가
고개를 절레절레 저으며 말했다.
　"절대 싫어. 겨우 시험 끝났는데 다시 보라고 하면 나 도망갈 거야."
　"오호, 낙제는 안 한다 이거지?"
　철민이의 장난을 수리가 받아쳤다.
　"낙제가 어느 나라 말인데? 하하하!"
　이제 장난도 잘 받아치는 수리. 수리는 시험을 꽤 잘 본 모양이다. 운동이는 수리가 부러웠다. 솔직히 첫날부터 시험을 망치는 바람에 나머지 3일 내내 자신이 없었고, 그래서 그런지 시험을 끝낸 기분이 별로 가뿐하지 못했다. 최소한 한 과목은 낙제가 나올지도 모른다는 생각이 들었다.

"난 첫날부터 완전 망쳤단 말이야. 우리 한 번만 다시 보게 해 달라고 하자, 응?"

운동이의 말에 여기저기서 아우성을 쳤다.

"나도 망쳤어. 그래도 다시 보고 싶지는 않아."

"재시험이라니. 어휴, 끔찍해."

상황을 보니, 철민이와 운동이 빼고는 다들 최소한 낙제는 안 할 자신이 있어 보였다. 철민이가 운동이의 어깨에 손을 얹으며 장난을 쳤다.

"친구야, 할 수 없다. 우리 같이 1년만 더 다니자."

그러자 운동이가 철민이의 손을 냅다 뿌리치며 말했다.

"싫어. 난 꼭 졸업해야 돼."

장난처럼 말했지만 아이들은 운동이의 말이 진심임을 잘 알고 있었다. 하루라도 빨리 학교를 마치고 고생하시는 부모님을 편하게 해 드리고 싶은 것이다. 그러나 철민이는 계속 달라붙으며 장난을 쳤다.

"아잉~ 운동아, 너 없이 내가 어떻게 살아."

"징그러워. 저리 가라니까. 훠이~"

역시 장난꾸러기 양철민과 최운동. 환상의 커플이다.

여하튼 그렇게 졸업시험이 마무리되었다. 형사학교의 공식적인 교육과정은 모두 끝난 것이다. 이제 성적 나오기를 기다리는 일만 남았다.

그날 밤 아이들은 홀가분하게 과자 파티를 하고 잠이 들었다.

그런데 다음 날 아침, 정말 황당한 일이 벌어졌다. 안 형사가 다급하게 아이들을 부르더니 하는 말.

"큰일 났어! 너희들 시험 답안지가 없어졌어."

"뭐라고요?"

아이들이 동시에 소리를 질렀다. 밤잠 못 자며 공부해서 쓴 답안지가 없어졌다니! 이게 무슨 마른하늘에 날벼락이란 말인가.

태양이가 물었다.

"정말요? 어떤 과목이 없어졌는데요?"

"전부 다."

별이가 놀라 물었다.

"전부 다요? 4일 내내 시험 본 전 과목 다요?"

"그래. 교무실 철제 장에 넣어 뒀는데 아침에 가 보니 없어졌어."

"직접 봐야겠어요."

수리가 교무실로 향하자, 다른 아이들도 따라나섰다.

가 보니, 정말 교무실 제일 안쪽에 위치한 철제 장이 활짝 열려 있고 그 안이 텅 비어 있는 것이었다. 그때였다.

"아이고, 이를 어쩌나? 너희들 시험 다시 봐야겠다."

어 형사였다.

"네? 다시 본다고요?"

별이가 깜짝 놀라 되물었다.

"답안지가 하나도 없는데 어떡해. 다시 봐야지."

별일 아니라는 듯 말하는 어 형사의 말투에 남우가 발끈하여 물었다.

"그동안 채점하신 거 있을 거 아니에요?"

"채점? 아직 안 했는데. 한꺼번에 하려고."

맙소사! 그렇다면 정말 나흘에 걸쳐 죽을힘을 다해 치른 시험을 다시 봐야 한단 말인가. 철민이가 나섰다.

"이건 분명히 학교 측의 관리 소홀로 인해 발생한 사건으로, 이번 사건에 대한 책임은 학교에 있다고 생각합니다. 그러니까 그냥 저희들 모두 통과한 걸로 해 주십시오."

갑자기 변호사 흉내까지 내 가며 조목조목 지적하는 철민이. 어제는 시험 다시 봤으면 좋겠다더니, 하루아침에 마음이 바뀌었단 말인가. 그러자 어 형사가 말했다.

"그건 안 되지. 원래 시험 끝난 뒤에 문제 생기면 전부 다시 보는 거야. 점수를 그냥 주는 게 어디 있어?"

그러자 아이들이 동시에 아우성을 쳤다.

"말도 안 돼요!"

"어떻게 다시 봐요!"

"그렇게는 못 합니다."

그때였다. 뒤에서 갑자기 나타난 정 형사.

"좋아, 그럼 지금부터 딱 네 시간 줄게. 12시까지 답안지 찾아와."

"저희가 무슨 수로 답안지를 찾아요?"

네 시간 줄게.

운동이가 황당하다는 듯 묻자, 정 형사는 어깨를 으쓱하며 대답했다.

"나도 모르지. 너희들 형사 아니야? 알아서 해."

맞는 말이다. 남의 사건은 잘 해결하면서 없어진 자기 물건을 못 찾는다는 건 말이 안 된다.

"만약 못 찾으면요?"

화산이가 걱정스런 표정으로 물었다.

"시험 다시 봐야지. 할 수 없잖아."

정 형사의 대답에 원소가 말했다.

"그럼 시간 좀 더 주세요. 너무 짧아요."

"그건 안 돼. 답안지 못 찾으면 빨리 선생님들께 문제 다시 내라고 해야 된단 말이야. 내일부터 시험 보고 바로 채점해야 겨우 졸업식 일정에 맞출 수 있거든. 자, 시간은 12시 정각까지. 알아서들 해."

그러더니 그냥 나가 버리는 형사들. 아이들은 뭔가 수상한 느낌이 들었다. 하지만 다른 생각을 할 여유가 없었다. 빨리 12시 전에 답안지를 찾아 재시험을 막아야 한다는 생각밖에는.

"일단 조사를 시작해 보자. 난 교무실 안을 살펴볼게."

철민이의 말에 아이들은 각자 흩어져 사라진 답안지의 흔적을 찾기 시작했다.

##  범인은 양철민?

철민이, 원소, 남우는 교무실 안을, 별이와 화산이는 복도를, 태양이와 수리, 운동이는 외부를 맡았다.

원소는 철제 장에서 지문을 채취하고, 철민이는 장 주변을 샅샅이 뒤졌다. 또 남우는 교무실 문에서 지문을 채취했다. 그런데 교무실 문에는 지문이 너무 많았다. 아이들이랑 형사들이 들어오면서 무심코 한 번씩은 만졌으니, 지문이 너무 겹쳐서 그 가운데 범인의 지문을 찾기는 힘들 것 같았다.

그런데 바로 그때였다.

"이것 봐! 발자국이야!"

철민이가 교실 문에서부터 철제 장까지 희미한 발자국이 찍혀 있는 것을 찾아냈다. 원소와 남우가 달려왔다. 젖은 흙을 밟고 들어온 듯, 교무실 문 앞에서부터 철제 장까지 들어왔다가 나간 발자국이 남아 있었다.

"이건 족흔을 뜰 수 있겠는데."

남우가 문 바로 앞에 남은 발자국을 가리키며 말했다. 아이들은 얼른 족흔을 떴다. 족적전사판을 덮고 잘 눌러 준 다음, 조심스럽게 떼어 낸 후 검은 바탕지 위에 붙이니, 발자국이 선명하게 나왔다.

"사이즈는 250밀리. 모양은 운동화네. 어떤 운동화인지 알아보자."

아이들은 어느 회사에서 나온 제품인지 알아내기 위해 재빨리 족흔 데이터를 검사해 봤다.

"뉴바나나의 새 모델이야. 스피드33."

남우의 말에 원소가 놀라며 물었다.

"어, 가만! 이거, 철민이 네가 졸업여행 갈 때 새로 샀던 신발 아냐?"

맞다. 철민이가 졸업여행 기념으로 특별히 장만한 거라고 한참을 자랑했던 바로 그 운동화다. 철민이가 황당한 듯 말했다.

"맞아. 내 것도 스피드33이야. 뭐야? 도둑이 나랑 똑같은 신발을 신었단 말이야? 은근히 기분 나쁘네."

그런데 그때 복도와 외부 조사를 나갔던 아이들이 돌아왔다. 별다른 흔적을 찾지 못했다는 것. 교무실 팀이 족흔을 찾았는데 철민이의 새 운동화와 같은 모델이라고 말하자, 별이는 깜짝 놀란 표정으로 물었다.

"양철민, 혹시 너?"

그러자 수리도 눈을 가느다랗게 뜨고 철민이를 바라보았다.

"어제 네가 그랬잖아. 시험 다시 보고 싶다고."

남우도 거들었다.

"맞다. 양철민, 정말 네가 답안지 훔친 거 아냐? 시험 다시 보려고?"

그러자 완전 당황한 철민이. 두 팔을 내저으며 부인했다.

"난 아니야! 말도 안 돼. 내가 왜 그런 짓을 해."

그러자 운동이가 한술 더 떴다.

"맞다! 250밀리면 철민이 너랑 발 사이즈도 똑같네."

모두 의심의 눈초리를 보내자 철민이는 억울해 죽겠다는 표정으로 말했다.

"아니야, 난 절대 아니야. 다시 보고 싶다고 했던 건 그냥 농담이었지. 설마 그렇게 끔찍한 졸업시험을 내가 다시 보고 싶겠냐."

"푸하하하하!"

아이들이 동시에 웃음을 터뜨렸다.

"양철민, 네 얼굴 완전 홍당무 됐어! 푸하하하!"

운동이의 말에 다른 아이들은 더 크게 웃음보가 터졌다.

"야! 장난이지. 그걸 또 심각하게 받아들이냐?"

태양이가 철민이를 툭 치며 말하자 별이도 거들었다.

"그래. 우리가 보통 사이냐? 그동안 볼 것 못 볼 것 다 봤는데, 널 모르겠냐고. 넌 졸업 못 하는 한이 있어도 절대 재시험 볼 스타일은 아니잖아. 안 그래?"

"그렇지. 헤헤헤!"

철민이도 그제야 웃음을 터뜨렸다. 아이들의 장난에 순간 당황해 완전히 속은 것이었다. 어쨌든 의심을 벗게 되어 다행이다.

그때 별이가 의문을 제기했다.

"이상하지 않아? 복도에는 발자국이 하나도 없는데 어떻게 교무실에만 있지?"

수리가 의견을 말했다.

"누군가 일부러 발자국을 남긴 거겠지. 우리가 철민이를 의심하게 하려고."

그런데 순간, 철민이는 번뜩 떠오르는 게 있었다. 아까 방에서 나오면서 신발장을 열었을 때 그 운동화가 안 보였던 것 같았다. 철민이는 다시 당황하여 말했다.

"가만, 내 신발이 없어진 것 같아."

"그래? 그럼 빨리 찾아봐."

태양이가 말했다. 철민이는 곧바로 방으로 뛰어 올라갔다. 운동이도 따라갔다. 그런데 정말 신발장은 물론, 온 방을 다 뒤져도 철민이의 운동화는 온데간데없었다.

"도둑맞았나 봐."

철민이의 말에 운동이가 물었다.

"마지막으로 본 게 언젠데?"

"어젯밤. 자기 전에 닦아서 신발장 안에 분명히 넣었거든."

"그럼 밤새 누군가 훔쳐 갔다는 말이네. 그리고 그 신발을 훔친 사람이 바로 답안지를 훔친 범인이라 이거지. 그런데 도대체 누굴까?"

그러게 말이다. 도대체 누굴까? 외부인이 형사학교 기숙사에 들어오는 것은 결코 쉽지 않은 일이다. 경비 아저씨들이 정문과 후문을 다 지키고 있고, 밤 12시만 되면 기숙사 문은 굳게 닫힌다.

철민이가 말했다.

"그렇다면 범인은 학교 안에 있다는 얘기야."

"학교 안에? 학교 안에 누구?"

그런데 바로 그때였다. 철민이의 휴대전화가 요란하게 울렸다. 전화를 받자 태양이가 다급하게 말했다.

"철민아, 네 신발 찾았어!"

"정말? 어디서?"

"뒷산 넘어가는 담벼락 밑에서. 빨리 와 봐!"

철민이와 운동이는 부리나케 달려갔다. 다른 아이들이 다 모여 있었다. 그곳에 마치 담벼락을 올라가다 떨어뜨린 것처럼 신발 두 짝이 널브러져 있었다.

"이거 네 신발 맞지?"

철민이는 얼른 신발을 들어 유심히 살폈다. 졸업여행 때 신었던 신발이라 자전거 페달 안쪽과 맞닿은 부분이 닳았는데, 그 부분을 살펴보니 똑같이 닳아 있었다.

"맞아. 내 거야."

"그럼 범인이 철민이의 신발을 훔쳐 신고 범행을 저질렀단 말이야?"

운동이의 말에 수리가 의문을 제기했다.

"왜 하필 철민이 신발이지?"

그러게 말이다. 왜 하필 철민이 신발이었을까?

남우가 자신의 생각을 말했다.

"만약 계획적인 것이었다면, 범인은 철민이가 신발을 새로 산 것과 우리에게 신발 자랑을 한 것을 다 알고 있다는 거야. 그래서 우리로 하여금 철민이를 의심하게 하려는 거지. 자신의 정체를 감추기 위해서."

그러자 별이가 의문을 제기했다.

"그런데 이상하지 않아? 교무실만 해도 컴퓨터, 카메라, 프로젝터 등 값나가는 게 많은데, 왜 하필 시험 답안지를 훔쳐 갔을까?"

수리가 의견을 말했다.

"답안지를 훔쳐 가면 뭔가 자신에게 유리한 상황이 생기기 때문이겠

지. 가만, 답안지가 없어지면 결국 우리가 재시험을 보게 돼. 그런데 그게 누구한테, 어째서 유리한 상황이 될까?"

도대체 범인은 왜 아이들에게 재시험을 보게 하려는 것일까? 또 그걸 원하는 사람은 과연 누구일까?

 ## 황당한 시험

그런데 바로 그때였다. 별이가 담벼락에서 뭔가를 찾아냈다.

"이것 봐. 빨간색 실이야."

"범인이 담벼락을 타 넘다가 벽돌에 걸린 것 아닐까?"

원소가 추리했다. 태양이가 얼른 핀셋으로 실을 집어 증거물 봉지에 넣으며 말했다.

"두꺼운 스웨터나 목도리 같은 데서 빠진 실 같아."

순간, 철민이는 번쩍 생각나는 게 있었다.

"운동아, 네가 새로 산 스웨터, 빨간색 아니었어?"

운동이가 대답하기도 전에 화산이가 끼어들었다.

"맞다. 너도 졸업여행 가면서 스웨터 새로 샀다고 자랑했잖아."

이번엔 운동이가 당황한 표정으로 말했다.

"맞아. 하지만 빨간 스웨터가 뭐 한두 개도 아니고……."

맞는 말이다. 태양이가 말했다.

"혹시 그것도 없어졌을지 몰라. 빨리 가서 찾아봐."

이번엔 운동이가 번개같이 방으로 달려갔다. 아이들도 따라갔다.

"서랍장에 넣어 뒀는데."

운동이가 서랍장을 샅샅이 뒤졌다. 하지만 빨간 스웨터는 어디에도 없었다.

"내 빨간 스웨터도 훔쳐 갔나 봐."

정말 황당한 일이다. 왜 도둑은 아이들의 물건을 훔쳐서 입고 신은 다음, 범행을 저질렀을까? 단순히 아이들에게 혐의를 뒤집어씌우기 위한 것일까?

"정말 이상해. 어제 운동이도 시험 다시 봤으면 좋겠다고 했었잖아."

수리가 말했다.

"응, 그랬지. 그럼 우리가 그런 말을 했던 걸 알고 일부러 우리 둘의 물건을 훔쳤단 말이잖아."

운동이가 흥분한 말투로 대답했다.

"범인은 우리들의 일거수일투족을 다 보고 있었다는 거네. 그러니까 우리끼리 한 말을 다 알고 있지."

남우가 으스스하다는 듯 팔을 문지르며 말했다.

그때였다. 수리가 책상 서랍에서 뭔가 발견한 듯 소리쳤다.

"어, 이 스웨터 아냐?"

꺼내 보이는 것을 보고 운동이가 소리쳤다.

"맞아, 그거야!"

운동이가 수리에게서 스웨터를 받아 들며 말했다.

"이게 왜 책상 서랍 속에 있지? 난 거기 안 넣었는데."

그런데 그때 스웨터 안에서 뭔가 툭 떨어졌다. 종이였다. 아이들의 시선이 일제히 쏠리는 가운데, 운동이가 얼른 종이를 집어 펼쳤다. 안에 글씨가 쓰여 있었다.

'바302-1'

"이게 뭐지? 무슨 암호 같기도 하고……."

철민이가 고개를 갸웃했다. 순간, 눈치 빠른 별이는 번쩍 떠오르는 게 있었다.

"애들아, 혹시 이거 시험 아냐?"

"시험? 무슨 시험?"

원소가 동그란 눈을 반짝이며 물었다.

"졸업시험 보느라 깜박 잊고 있었는데, 원래 선배들도 졸업 필기시험 보고 나서 실기시험 봤잖아."

맞다. 형사들이 실기시험이 있다고 말해 주지 않았기 때문에 아이들은 깜박 잊고 필기시험이 끝이라고 생각했던 것이다. 특히 나중에 들어온 아이들은 선배들이 졸업 실기시험을 본 것도 전혀 모르고 있었다.

"그래, 선배들도 필기시험 끝나자마자 그다음 날 실기시험 봤어."

수리의 말에 철민이도 기억이 났다.

"그때 선배들이 교장선생님 구하느라 완전 진땀 뺐잖아."

남우도 맞장구쳤다.

"맞네, 맞아. 어쩐지 이상하더라."

철민이는 기가 막힌 표정으로 말했다.

"이렇게 황당할 수가! 우리 답안지를 일부러 감춘 거잖아. 에잇, 그냥 찾지 말자."

그러자 태양이가 심각한 표정으로 말했다.

"아니야. 그래도 찾아야 되는 상황은 똑같아. 우리가 답안지를 못 찾으면 실기시험을 통과하지 못하게 되는 거니까."

그렇다. 필기시험을 다시 보느냐 마느냐의 문제가 아니다. 실기시험이 0점이 되면, 당연히 졸업은 물 건너간 얘기. 별이가 시계를 보며 말했다.

"벌써 10시 반이 넘었어. 한 시간 반도 안 남았다고."

"헉! 정말?"

아이들이 되물었다. 이럴 때는 어쩜 이리 시간이 빨리 가는지.

"빨리 찾자. 일단 '바302-1'이 뭔지부터 알아내야 돼."

원소가 다급한 표정으로 말했다. 뭔가 단서가 숨어 있는 곳을 나타내는 것은 분명한데, 도대체 감이 안 잡힌다. 아이들은 한참을 고민했다. 그런데 수리가 번쩍!

"아, 책이야! 도서관에 있는 책 목록! 가, 나, 다, 라로 시작하고 세 자리 숫자 다음에 '-'로 분류해 놓았잖아."

"맞다!"

아이들이 동시에 소리를 질렀다. 그리고 누가 먼저랄 것도 없이 모두 도서관으로 뛰었다.

## 아리송한 단서들

아이들은 곧바로 책장에서 '바302-1'을 찾아냈다. 수리가 얼른 책을 꺼냈다.

"박달재를 넘어가며?"

제목도 희한한 아주 오래된 소설이었다. 철민이가 물었다.

"그런데 박달재가 뭐야?"

원소가 대답했다.

"넘어간다고 했으니까 산 같은 거 아닐까?"

그러자 태양이가 의견을 말했다.

"재라고 했으니까 고개일 거야."

운동이가 맞장구쳤다.

"맞아, 고개야. 노래도 있잖아. '울고 넘는 박달재'라고."

그사이 별이가 벌써 스마트폰으로 박달재를 검색해 보고 말했다.

"충청북도 제천시 봉양읍과 백운면의 경계에 있는 고개래."

수리가 책을 펼치며 말했다.

"다른 힌트는 없나?"

그런데 책 속에서 뭔가 툭 떨어졌다. 얼른 주워 보니 사진이다. 남우가 보더니 말했다.

"어, 춘란이네!"

"춘란?"

화산이가 되물었다.

"응. 동양란을 대표하는 난 중 하나인데, 이른 봄에 꽃이 펴서 춘란, 또는 봄을 알리는 꽃이란 뜻으로 보춘화라고도 해."

남우가 설명하자, 철민이가 의문을 제기했다.

"그런데 왜 춘란 사진이 여기 들어 있지?"

그러게 말이다. 박달재랑 춘란이 도대체 무슨 관련이 있는 걸까? 시간은 자꾸 흘러가는데 꼬리에 꼬리를 물고 나타나는 이상한 단서들. 과연 아이들은 시간 안에 답안지를 찾을 수 있을까?

그런데 잠시 후, 태양이는 떠오르는 것이 있었다.

"남우야, 기숙사 현관 앞에 있는 거 춘란 맞지?"
남우가 기억을 떠올리며 대답했다.
"맞아. 거기 있는 세 개의 화분이 모두 춘란이야."
철민이가 제일 먼저 튀어 나가며 말했다.
"빨리 가 보자!"
아이들은 또다시 기숙사로 뛰었다.
"이거다!"
먼저 도착한 철민이가 기숙사 현관 한쪽 벽에 나란히 놓여 있는 화분 세 개를 가리키며 말했다. 그런데 왜 춘란 사진을 힌트로 준 걸까?

"여기에도 뭔가 숨겨져 있는 거 아냐?"

철민이가 화분을 차례로 번쩍 들며 말했다. 그런데 철민이 예상대로 가운데 화분 밑에 종이가 들어 있는 게 아닌가!

"찾았다!"

철민이가 얼른 펼쳐 보니, 역시 사진이었다. 이번엔 풍경 사진.

"여기가 어디지?"

사진을 뒤집어 보니, 이렇게 쓰여 있었다.

**'강이 산을 뚫고 흐르니, 산 위에 펼쳐진 5억 년 전 바다의 흔적.'**

"이게 뭔 소리야?"

운동이가 아리송한 표정으로 물었다. 원소도 고개를 갸웃거렸다.

"말이 안 되는 거 아닌가? 어떻게 강이 산을 뚫고 흘러?"

바로 그때, 별이는 무언가 번쩍 떠올랐다.

"가만, 강이 산을 뚫고 흐른다면…… 혹시 도강산맥을 의미하는 것 아닐까?"

수리가 물었다.

"도강산맥? 그런 곳이 진짜 있어?"

"응. 도강산맥이라면 우리나라에 딱 한 군데 있어. 바로 태백의 구문소야."

별이의 대답에, 화산이가 얼른 사진을 살펴보더니 말했다.

"여기 구문소 맞아. 전에 가 본 적이 있어."

그러자 태양이가 다시 의문을 제기했다.

"그럼 '강이 산을 뚫고 흐른다'는 것은 태백 구문소를 뜻하는 거고, '5억 년 전 바다의 흔적'은 대체 뭐지?"

화산이가 대답했다.

"5억 년 전이라면 고생대 때잖아."

그러자 별이가 말했다.

"아, 맞다! 약 5억 년 전 고생대 캄브리아기 때는 태백산 분지가 얕은 바다였어."

수리가 놀란 표정으로 물었다.

"정말? 지금은 육지잖아."

별이가 대답했다.

"맞아. 예전엔 바다였는데 조륙운동 때문에 지금은 육지가 된 거지."

"조륙운동?"

남우가 묻자, 별이가 설명을 이었다.

"조륙운동은 지각이 솟아오르거나 가라앉는 운동을 말해. 솟아오르는 것을 융기, 가라앉는 것을 침강이라고 하지."

원소가 물었다.

"왜 지각이 솟아오르거나 가라앉는 건데?"

이번엔 화산이가 설명했다.

"지각은 밀도가 큰 맨틀 위에 떠 있으면서 힘의 평형을 이루고 있어. 그런데 지각의 높은 부분이 풍화와 침식을 받아 깎여서 가벼워지면, 그 지역은 힘의 균형을 이루기 위해 위로 솟아오르게 돼. 즉 융기하

### 고생대란?

고생대는 약 5억 7천만 년 전부터 2억 3천만 년 전의 시대를 말해. 이때는 생물의 수가 급격히 늘어날 정도로 생물이 지구 환경에 잘 적응하기 시작한 시기지. 또 몸에 단단한 껍질이나 뼈를 가진 생물이 많이 등장했어. 고생대 초기에는 바다에서 삼엽충이 번성했고, 후기에는 육지에서 석송류와 양치식물이 크게 번성했지. 그중 길이가 긴 식물도 있었는데 이러한 식물이 땅속에 묻혀서 생긴 것이 바로 오늘날 우리가 사용하는 석탄이야.

는 거야. 반대로 물질이 퇴적되어 무거워진 지역은 아래로 가라앉게 돼. 즉 침강하는 거지."

철민이가 물었다.

"가만, 그럼 태백은 고생대 때 바다였는데, 차츰 융기되어 육지가 됐단 말이야?"

화산이가 고개를 끄덕이며 대답했다.

"맞아, 그거야."

그런데 순간, 무언가 별이의 뇌리를 스치고 지나갔다.

"혹시 5억 년 전 바다의 흔적은 삼엽충을 말하는 게 아닐까?"

"맞다! 삼엽충인가 보다!"

화산이가 동의하고 나서자 태양이가 물었다.

"삼엽충이라면 화석 아니야?"

별이가 대답했다.

"맞아. 고생대 캄브리아기에 살았던 생물이야. 세로로 놓았을 때 머리와 가슴과 꼬리의 세 부분으로 나뉘고, 가로로도 중심과 양옆 부분으로 나뉘기 때문에 '세쪽이' 또는 '삼엽충'이라고 부르지."

혹시 삼엽충을 말하는 게 아닐까?

화산이도 덧붙였다.

"삼엽충은 얕은 바다에서 살던 생물이거든. 그러니까 삼엽충 화석이 나타났다는 것은 그 지역이 과거에 바다였다는 증거가 되지. 그런데 태백의 구문소에는 삼엽충 화석이 많이 남아 있어. 그래서 그 지역이 고생대 때 바다였다는 걸 알게 된 거야."

그러자 수리가 말했다.

"그럼 사진 힌트의 답은 삼엽충이라는 얘기네!"

"맞다. 바로 그거야. 하하하!"

답을 찾아낸 아이들은 좋아서 박수를 쳤다.

##  문제의 답을 찾아라!

그런데 철민이가 의문을 제기했다.

"그래서? 그럼 범인이 5억 년 전에 살던 삼엽충이란 말이야?"

"푸하하하!"

아이들이 다시 웃음보를 터뜨렸다. 운동이가 말했다.

"아니면 우리 답안지가 태백 구문소에 있단 말인가?"

"헉! 거기까지 어떻게 가? 30분도 안 남았는데."

원소가 잔뜩 걱정되는 표정으로 말했다. 그러게 말이다. 벌써 11시 30분이 넘은 시간. 일단 단서들은 다 찾은 것 같은데 범인이 누구인지

도무지 감이 안 잡힌다. 철민이가 자신의 생각을 말했다.

"혹시 지금까지 찾은 단서들이 서로 연결된 것 아닐까?"

태양이가 동의했다.

"그런 것 같아. 한번 연결해 보자. 신발, 스웨터, 책, 화분, 사진?"

운동이가 나섰다.

"아니야. 뉴바나나, 빨간 스웨터, 박달재를 넘어가며, 춘란 또는 보춘화, 그리고 삼엽충. 뭐야, 전혀 연결이 안 되잖아!"

다들 아무리 머리를 쥐어짜도 답이 안 나왔다. 시간은 벌써 11시 50분. 이제 10분 후면 실기시험 종료다. 결국 실기시험은 통과하지 못하고 마는 것인가?

이제껏 별의별 사건을 다 해결하고, 시도 때도 없이 시험을 치르고, 게다가 4일 내내 졸업시험까지 봤는데, 실기시험 하나 때문에 졸업을 못하다니. 이럴 수는 없는 일이다.

다들 입에 침이 바싹바싹 말랐다. 그런데 드디어 태양이가 펄쩍 뛰어오르며 말했다.

"바로 그거야!"

### 지질시대 이름은 어떻게 지었을까?

주로 지층이 처음 발견된 지역의 이름이나 그곳에 살던 부족의 이름을 따서 지었어. 고생대 캄브리아기는 지층이 영국의 웨일스 지방에서 처음 발견됐기 때문에 그 지방을 뜻하는 로마식 이름, '캄브리아'에서 따왔어. 또 오르도비스기와 실루리아기는 영국의 옛날 부족이었던 오르도비스 족과 실루르 족에서 유래됐지. 석탄기는 그 지층에서 유난히 석탄이 많이 나와서. 그리고 백악기는 스칸디나비아 반도 부근에 분필처럼 하얀 지층이 발달되어 있어서 그런 이름이 붙은 거야.

"뭔데?"

아이들이 모두 숨을 죽였다. 태양이가 말했다.

"앞의 두 개는 빼고, 본격적인 책 단서부터 각각 한 자씩만 떼어서 붙이는 거야. '박달재를 넘어가며'의 '박', '춘란'의 '춘', '삼엽충'의……."

태양이의 말이 끝나기도 전에 모두 동시에 소리쳤다.

"박춘삼!"

"뭐야, 교장 쌤이라고?"

철민이가 황당한 듯 소리쳤다. 그럼 답안지를 훔쳐 간 범인이 박춘삼 교장이란 말인가? 그런데 지금 황당해 하고 있을 때가 아니었다. 시간은 11시 58분.

"뛰어!"

운동이가 소리치자 아이들은 눈썹 휘날리게 교장실로 뛰어갔다.

12시 30초 전, 가까스로 교장실 문을 열어젖히니, 펑! 펑! 펑! 여기저기서 폭죽이 터졌다. 그리고 익숙한 웃음소리.

"껄껄껄! 하하하!"

헉헉대며 주변을 둘러보니, 박 교장과 형사들, 그리고 선배들까지 있는 게 아닌가.

"아이, 아깝다. 30초만 늦게 왔어도 졸업 못하는 건데."

어 형사가 또 장난을 쳤다. 박 교장이 껄껄 웃으며 말했다.

"축하한다, 모두 졸업할 수 있게 된 것을!"

그러자 정 형사가 아이들에게 핀잔을 줬다.

"그런데 너희들, 머리가 나쁜 거냐, 눈치가 없는 거냐?"

안 형사도 거들었다.

"형사학교에서 답안지가 없어졌다는데, 딱 보면 눈치채야지."

"시험 다시 볼지도 모른다니까 당황해서 아무 생각도 안 났다고요."

철민이가 변명을 늘어놓자, 요리가 아이들의 편을 들었다.

"순진해서 그런 거예요. 예전에 저희들도 속았잖아요. 아니면 우리의 시나리오가 너무 훌륭했나?"

선배들이 재미있다는 듯 웃었다. 알고 보니, 바로 선배들이 낸 문제. 그래서 전에 졸업시험 얘기하면서 실기시험 얘기는 단 한마디도 안 한 것이었다. 혜성이가 말했다.

"사실 교장 쌤 성함이 하도 촌스러워서 연관된 단어 찾기 정말 힘들었다니까요."

"뭐야? 내 이름이 어디가 어때서."

박 교장이 짐짓 화난 표정을 짓자, 모두들 웃음을 터뜨렸다.

"푸하하하!"

결국 여덟 명의 아이들은 실기시험까지 모두 통과했다. 필기시험도 간당간당하게 낙제를 면한 아이들이 있긴 했지만 모두 무사히 통과. 드디어 한 사람의 낙오자도 없이 졸업을 할 수 있게 됐다. 정말이지 천만다행이다. 이제 남은 건 영광의 졸업식뿐이다.

## 별이가 들려주는 사건 해결의 열쇠

예상치 못했던 졸업 실기시험. 그 마지막 단서를 찾을 수 있었던 것은 조륙운동에 대해 잘 알았기 때문이야.

### 💡 조륙운동이란?

지각은 언제나 같은 모양인 것 같지만 그렇지 않아. 땅이 솟아올라 육지가 되기도 하고, 아래로 내려앉아 바다가 되기도 하지. 이를 지각 변동이라 하는데, 지각 변동은 아주 오랜 기간에 걸쳐 서서히 일어나.

그럼 지각 변동은 왜 일어나는 것일까? 그건 바로 지각이 밀도가 큰 맨틀 위에 떠 있기 때문이야. 밀도가 작은 물질은 밀도가 큰 물질 위에 뜨지. 물에 얼음을 넣으면 밀도가 작은 얼음이 밀도가 큰 물 위에 뜨는 것처럼 말이야.

지각은 이렇게 힘의 평형을 이룬 상태로 맨틀 위에 떠 있어. 그런데 높은

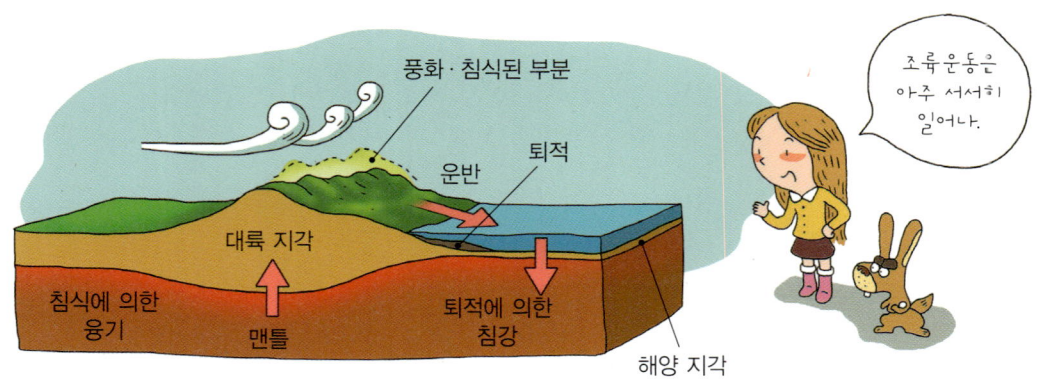

〈조륙운동〉

부분이 풍화와 침식을 받아 깎이면 가벼워지겠지? 그러면 밀도가 작아지니까 이전보다 위로 떠올라 솟아오르게 돼. 이렇게 육지가 해수면(바다의 표면)에 대해 솟아오르는 것을 '융기'라고 해. 반대로 지각의 낮은 부분에 물질이 운반, 퇴적되면 무거워지겠지? 그럼 가라앉게 되는데, 이렇게 육지가 해수면에 대해 가라앉는 것을 '침강'이라고 해.

즉, 지표가 침식되어 낮아지면 가벼워져 균형을 유지하기 위해 지반이 융기하고, 퇴적물이 쌓이면 무거워져 침강하게 되는 거야. 이렇게 넓은 범위에 걸쳐 서서히 일어나는 지각의 융기 또는 침강을 '조륙운동'이라고 해.

### 💡 조륙운동의 증거

그러면 조륙운동이 일어났음을 어떻게 알 수 있었을까? 그건 지구 표면에 그 흔적들이 남아 있기 때문이야.

이탈리아 항구 도시인 나폴리에 가면 '세라피스 사원'이 있어. 이 사원은 육지에서 만들어진 것이고, 지금도 육지에 있지. 그런데 사원의 돌기둥을 자세히 보면 바다에 사는 조개들이 구멍을 뚫고 살았던 흔적이 남아 있어. 바로 이 지역이 처음에는 육지였지만 바다 밑으로 가라앉았다가 다시 땅 위로 솟아올랐다는 증거지. 즉, 조륙운동이 일어난 거야.

바다 밑에서 만들어진 퇴적암이나 바다 생물의 화석이 높은 산에서 발견되는 것도 융기의 증거야. 또 해안선을 따라 계단 모양으로 나타나는 해안단구 지형은 해안 가까이에 있는 땅이 반복적으로 융기하면서 만들어진 거지.

우리나라의 남해와 서해는 해안선이 매우 복잡하고, 바다 위에 약 2300개의 아름다운 섬들이 떠 있어. 그런데 이 섬들도 한때는 육지였다고 해.

약 1만 년 전 무렵, 땅이 바다 속으로 침강하면서 윗부분만 남아 섬이 된 거야. 또 바다 속에서 발견되는 해저 산림도 침강의 증거라 할 수 있지.

〈조륙운동의 증거〉

### 태백의 조륙운동

약 5억 년 전 고생대 캄브리아기 때, 강원도 태백은 끝없이 펼쳐진 얕은 바다였어. 바다 속에는 삼엽충뿐 아니라 조개와 오징어의 조상들도 헤엄쳐 다니고 있었지. 그런데 지금의 태백은 높이가 650m나 되는 분지(산으로 둘

〈삼엽충이 살던 고생대 바다 밑 가상도〉

러싸인 평평한 땅)야. 바로 융기가 일어났기 때문이지.

　태백이 고생대 때 바다였다는 것은 생물 화석을 통해 알 수 있어. 생물은 지질시대를 구분하는 중요한 기준이 돼. 특히 지질시대를 알려 주는 화석을 '표준화석'이라고 하는데, 고생대의 표준화석은 '삼엽충'이지.

　삼엽충은 고생대 캄브리아기 초인 5억 2천만 년 전부터 페름기 말인 2억 5천만 년 전까지 고생대 전 시기에 걸쳐 약 3억 년 동안 생존했던 바다 생물이야. 머리를 위로 두고 세로로 놓았을 때, 머리, 가슴, 꼬리 세 부분으로 나뉘고, 가로로도 중심과 양옆 부분으로 나뉘기 때문에 '세쪽이' 또는 '삼엽충'이라는 이름이 붙여졌어.

　어떤 지역에서 바다 생물의 화석이 발견됐다는 것은 그곳이 그 시기에 바다였다는 증거, 즉 바다였던 땅이 융기되어 지금은 육지가 되었다는 증거인 것이지.

　태백의 구문소는 태백산 분지에서도 화석이 가장 풍부한 곳이야. 고생대 때 얕은 바다였던 곳이라 삼엽충뿐 아니라 완족동물, 조개류, 복족류 등 다양한 바다 생물의 화석이 남아 있지.

　그러니까 생각해 봐. 사진에 적혀 있는 힌트를 보고 그곳이 태백 구문소라는 것을 알았지. 그리고 **5억 년 전 고생대 때 태백이 바다였으며, 그 증거가 바로 삼엽충**이라는 것을 이용해 마지막 답을 구할 수 있었던 거야.

# CSI, 꿈을 향해 날다

# CSI, 함께 놀며 훈련하다!

수리랑 함께하는 신기한 놀이

## ① 떨어져 있어도 끌어당겨요

플라스틱 자에 정전기를 일으켜서 전기장에서 전하가 어떻게 힘을 미치는지 확인해 볼까?

자를 가까이 갖다 대니까 물줄기가 자 쪽으로 휘는 것을 볼 수 있지? 바로 플라스틱 자의 (−)전하가 만든 전기장 안에서 물줄기가 전기력을 받았기 때문이지. 물 분자는 전체적으로 중성이지만 한쪽에는 (+)전기가, 그리고 반대쪽에는 (−)전기가 몰려 있어 전기력이 작용하거든.

## ② 자석으로 전기를 만들어요

전기가 흐를 수 있는 도체의 주변에서 자기장을 변화시키면 전류가 흐르게 할 수 있어. 같이 실험해 볼까?

에나멜선 기둥은 전류가 흐를 수 있는 도체야. 그리고 막대자석은 주위에 자기장을 만들지. 에나멜선 속에 막대자석을 빠르게 넣었다 뺐다 해서 자기장을 변화시키니까, 발광 다이오드에 불이 들어오지? 이렇게 자기장의 변화가 전기장을 만들어 도체에 전류가 흐르게 하는 것을 '전자기 유도'라고 해.

태양이랑 함께하는 신기한 놀이

## ❶ 전류가 흐를 수 있는 상태

소금에 전류가 흐를까, 아니면 소금물에 전류가 흐를까? 재미있는 실험으로 알아보자.

그냥 소금에 연결했을 때는 전구에 불이 안 들어오지만 물을 뿌려 소금을 녹이자 불이 들어오지? 소금은 물에 녹으면 양이온과 음이온으로 분리되어 자유롭게 움직일 수 있기 때문에 전류가 흐를 수 있게 되는 거야. 즉 이온 상태가 되어야 전류가 흐를 수 있다는 걸 알 수 있지.

## ❷ 레몬 전등 만들기

신맛이 나는 과일 레몬에도 전기가 흐를 수 있을까? 레몬으로 전등을 만들어 보면 알 수 있지.

꼬마전구에 불이 반짝 켜졌지? 세포 속의 이온에는 전해질이 많기 때문에 전류가 흐를 수 있어. 다시 말해, 세포로 이루어진 생물에는 전기가 흐르는 거지. 사과, 오렌지 같은 과일로도 전기를 발생시킬 수 있으니까 한번 실험해 봐.

 철민이랑 함께하는 신기한 놀이

## ① 약물 검사하기

집에 있는 약상자를 보면 꽤 많은 약들이 들어 있을 거야. 어떤 약들이 있고, 어떤 용도로 사용되는 약인지 알아볼까? 꼭 어른과 함께 하도록 해.

어때? 정말 많은 약들이 있지만 각각 어디에 쓰는 약인지, 어떻게 사용해야 하는지, 또 어느 정도 먹어야 하는지 다 다르지? 약을 먹을 때는 정확한 용법과 양을 지키는 게 가장 중요해. 또 어떤 부작용이 생기는지도 확실히 알아 두어야 하지.

## ❷ 중독 상태에 빠지면?

중독 상태에 빠지면 우리 몸은 자극에 대해 어떻게 반응할까? 간단한 실험으로 알아보자.

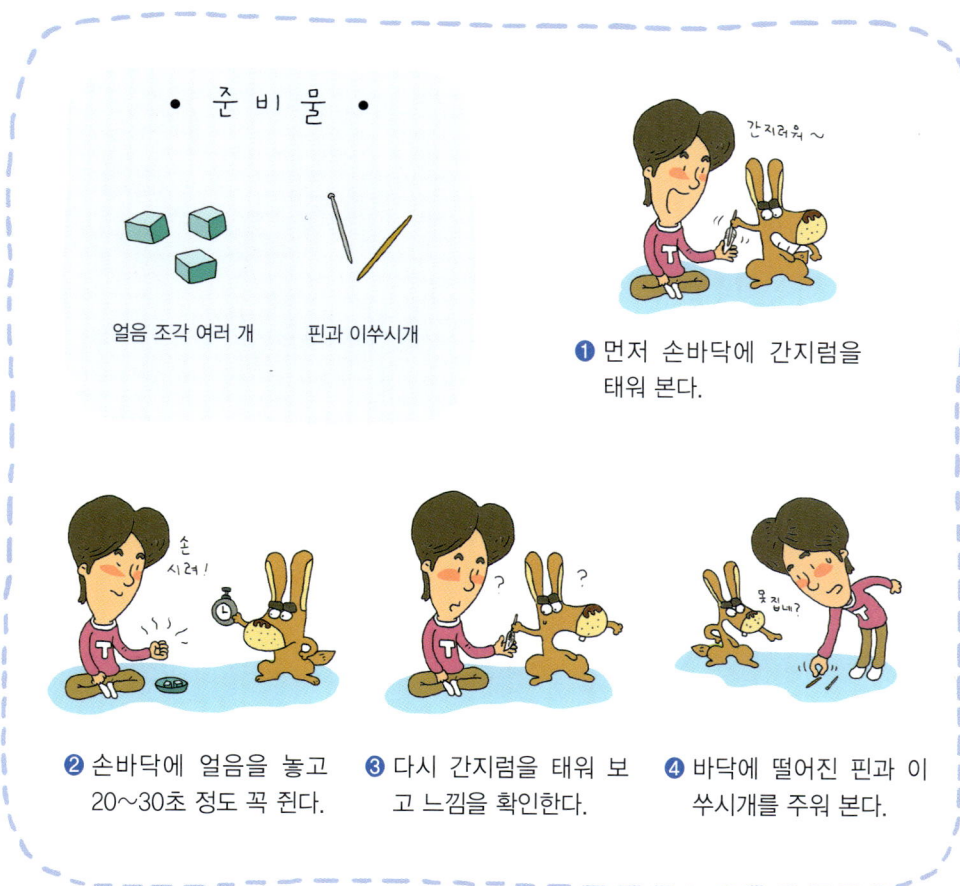

처음에는 손바닥이 간지러운 게 느껴지지만, 얼음을 한참 쥐고 있으면 차가운 얼음이 피부 감각기관의 기능을 약하게 하지. 그래서 간지럼을 태워도 별로 안 느껴지고, 핀과 이쑤시개도 잘 주울 수가 없어. 약물 중독의 상태도 마찬가지야. 신경을 마비시켜 제대로 생각하거나 행동할 수 없게 돼.

별이랑 함께하는 신기한 놀이

# ❶ 조륙운동이 일어나는 원리

조륙운동은 오랜 세월에 걸쳐 천천히 일어나기 때문에 우리가 직접 보거나 느낄 수는 없어. 하지만 조륙운동이 일어나는 원리는 알아볼 수 있지.

준비물: 수조, 물, 비닐, 톱밥, 모래

❶ 수조에 물을 붓고 물 위에 비닐을 기포가 생기지 않게 잘 덮는다.

❷ 같은 양으로 섞은 모래와 톱밥 한 덩어리를 수조의 왼쪽에 살짝 놓는다.

❸ 모래와 톱밥 덩어리를 옮기면서 수면의 변화를 관찰한다.

비닐로 덮은 부분을 해수면이라고 생각해 봐. 모래와 톱밥 덩어리를 놓아 무거워진 부분은 아래로 가라앉지? 모래와 톱밥 덩어리를 다른 곳으로 옮기면 원래 놓여 있던 부분은 다시 솟아오르는 반면, 새롭게 모래와 톱밥 덩어리가 옮겨진 부분은 가라앉게 돼. 이것이 바로 조륙운동의 원리지.

## ❷ 얼음에 의한 조륙운동

많은 조륙운동이 빙하에 의해 일어나. 빙하가 조륙운동을 일으키는 원리를 실험으로 알아보자.

• 준비물 •
수조, 물, 나무 도막, 얼음덩어리, 헤어드라이어

❶ 수조에 물을 붓고 물 위에 나무 도막을 띄운다.

❷ 나무 도막 위에 얼음덩어리를 올리고 변화를 관찰한다.

❸ 헤어드라이어로 얼음덩어리를 녹이며 변화를 관찰한다.

얼음을 나무 도막 위에 올리면 서서히 가라앉는 것을 확인할 수 있지? 빙하로 인해 침강이 이루어지는 거라고 볼 수 있어. 그러다 헤어드라이어의 열에 의해 얼음이 녹으면 나무 도막이 점점 올라오는 것을 볼 수 있어. 바로 융기가 일어나는 거지.

## ㄱ
감마파 87
겔 전기영동 48
고생대 156, 166

## ㄴ
뇌 지문 78, 88
뇌파 78, 81, 87

## ㄷ
델타파 87
도강산맥 155

## ㅁ
모세관 전기영동 36, 48

## ㅂ
베타파 87

## ㅅ
삼엽충 157, 167
생물 전기 86
세타파 87
수면내시경 120, 121
심근경색 94
심전도 86
심전류 86

## ㅇ
알파파 87
양(+)전하 37, 46
융기 156, 164
음(-)전하 37, 46
이온 49, 86

## ㅈ
전기력 36, 46
전기영동 36, 47
전기장 36, 46
전류 37
전자기 유도 47
전하 37, 46
전하량 37
조륙운동 156, 164

## ㅊ
춘란 153
침강 156, 164

## ㅋ
캄브리아기 156, 166
케타민 127
쿨롱(C) 37
크로마토그래피 36

## ㅍ
표준화석 167
프로포폴 120, 127
P300파 79, 88